# 法廷通訳ハンドブック実践編

## 【トルコ語】
## （改訂版）

最高裁判所事務総局

# はじめに

法廷通訳については，通訳の対象が法廷という極めて特殊な状況での会話であるために，通訳一般で必要とされる十分な語学力に加えて，法廷通訳に求められる特別の心構えや刑事手続の基本的な知識を身につける必要があります。そして，経験を積む中で，刑事手続への理解を深め，事実に争いがある否認事件等の複雑な手続や，控訴審などの通常の第一審と異なる手続の通訳もこなせるようなレベルにまで，能力を向上させていくことが期待されます。このようなレベルに達するには，法廷での特殊な用語，法律的な知識など法廷通訳に特有の事項をよく理解することが必要となります。

本書は，そのための手助けになるように，平成元年度から順次刊行した法廷通訳ハンドブックの姉妹編として作成しました。

本書では，できるだけ実践的な内容とすることを心がけ，第１編では刑事手続の流れに沿って，通訳人からよく質問される事項をＱ＆Ａの形でまとめ，第２編では，控訴審の手続をできるだけ平易に説明するとともに，第３編及び第４編では，法廷で使用されることの多いやりとりの具体例や，法律用語などの通訳例をできる限り網羅的に掲載することを心がけました。

なお，本書の初版が刊行されてから相当期間が経過しており，その間，法改正や新法の制定が行われ，刑事裁判に関する様々な制度（公判前整理手続，即決裁判手続，裁判員の参加する刑事裁判手続，犯罪被害者等が刑事裁判に参加する制度等）が実施されています。

そこで，今回，これらの法改正等を踏まえて，初版の内容を見直し，所要の改訂を行いました。

本書が，初版と同様，広く刑事裁判の通訳に当たる方の一助となれば幸いです。

平成24年３月

最高裁判所事務総局刑事局

# 目　次

# 第１編

# 刑事裁判手続における通訳人の留意事項

# 第１編　刑事裁判手続における通訳人の留意事項

ここでは，通訳を必要とする刑事裁判での手続に即して，しばしば問題となる事項又は通訳人が留意すべき事項について説明します。法廷等で使用される用語の訳語については，５５ページの「法廷通訳参考例」又は１２７ページの「法律用語等の対訳」を参照してください。

## 第１章　一般的注意事項

①Q　法廷通訳は，一般の通訳と比べてどのような特徴がありますか。

A　法廷でのやりとりのうち，証人尋問や被告人質問は，その結果得られた証言や供述が，裁判の証拠として，犯罪事実の認定や刑の量定の基礎になる特に重要なものですから，すべての発言を逐語訳で行う必要があるという特徴があります。例えば，証人が証言内容を発言直後に訂正した場合には，訂正後の内容だけでなく訂正前の内容についてもそのまま通訳してください。

法廷での裁判官と検察官，弁護人とのやりとりについては，裁判長が必要な事項を要約することが多いと思われます。通訳すべき範囲を自分で判断するのではなく，裁判長の指示に従って通訳を行ってください。

②Q　通訳人として守らなければならないことは何ですか。

A　良心に従って誠実に通訳をしてください。通訳をするに当たって，そのことを宣誓していただくことになります。また，裁判は，偏りのない公正な手続で行う必要がありますから，通訳人も，通訳するに当たっては，立場上中立公正さを疑われるような行動をとってはいけません。もしも，被告人や証人と知り合いであるなどの事情がある場合には，直ちに裁判所に申し出てください。

また，被告人又はその関係者に対しては，自分の氏名，住所，電話番号を教えないようにし，個人的に接触する機会を与えないでください。一緒に飲食をしたり，贈物を受け取るなどの行為は絶対にしないでください。

さらに，裁判の過程で知った事件に関する事項については，絶対に他に漏らさないでください。裁判所や検察官，弁護人から事前に送付を受けた書面については，その保管に注意するとともに，他人の目に触れることのないよう注意してください。

③Q　証人や被告人の発言を逐語訳したり，法廷でのやりとりを記憶しておくのは，大変なことだと思いますが，法廷に立ち会う際，どのような準備，工夫をすればよいですか。

A　法廷に立ち会う際には，自分の記憶だけに頼るのではなく，メモを取っておくことが不可欠です。メモを取る際には，自分の理解しやすい記号や略語を用いたり，訴訟関係人の発言の順序などについて図式化して記録するなど，適宜工夫をするとよいでしょう。

　また，日ごろから，メモ取りをはじめとする様々なトレーニングを行い，通訳スキルの更なる向上を心がけておくことも重要です。

## 第2章　勾留質問手続

　逮捕された被疑者を引き続き留置しようとする場合，検察官は裁判官に対して勾留請求を行います。裁判官は資料を検討し，被疑事実に関する被疑者の言い分を聞いた上で，勾留するかどうか決めることになります。この言い分を聞く手続が勾留質問です。勾留質問は，裁判所の勾留質問室で行われます。被疑者が日本語を理解できない場合には，通訳人を介してこの手続を行うことになります。

Q　通訳人の人定尋問の際，被疑者に通訳人の氏名や住所を知られることはありませんか。被疑者に氏名住所等を知られたくない場合には，どうしたらよいですか。

A　裁判所では，通訳人の氏名，住所などの個人情報について，慎重に取り扱うよう配慮しています。

　勾留質問手続においては，裁判官は，通訳人の人定尋問の際，あらかじめ人定事項を記載した書面をもとに「このとおりですね。」などと確認する形で人定尋問を行うのが一般的です。

念のため事前に裁判所書記官（以下「書記官」といいます。）に対してそのような希望を申し出てください。

## 第３章　起訴後第１回公判期日前まで

### 第１節　起訴

刑事裁判は，検察官が裁判所に対して裁判を求めることによって開始されます。これを起訴又は公訴の提起といい，具体的には，検察官が，起訴状を裁判所に提出して行います。起訴状には，被告人の氏名，生年月日，住居など被告人を特定する事項，公訴事実，罪名及び罰条が記載されています。

起訴があると，それまで被疑者に対する被疑事件であったものが被告人に対する被告事件となって，裁判所で審理される状態になります。

### 第２節　起訴状概要の翻訳文の送付

#### 1　趣旨

裁判所では，起訴があった場合，起訴状の概要を被告人の理解できる言語に翻訳した上，第１回公判期日前のできるだけ早い時期にその翻訳文を被告人に送付するという取扱いを行っています。これは，日本語を理解しない被告人に早期に起訴状の内容を理解させて，被告人の防御権を実質的に保障するとともに，公判審理の充実を図ろうとするものです。

#### 2　実施の方法

起訴状概要の翻訳文を送付する運用を円滑に実施するため，典型的な公訴事実の要旨を翻訳した文例集が作成され，それぞれの地方裁判所に用意されています。

裁判所は，翻訳文を送付する際には，通訳人予定者等に，日本語で作成した起訴状記載の公訴事実の要旨，罪名及び罰条について翻訳を依頼し，翻訳文を作成してもらうこともあります。その際，先に述べた翻訳文例の翻訳例を参考にしていただくとよいと思います。出来上がった翻訳文は，裁判所から被告人に送付しています。

1に記載した趣旨から，翻訳文の作成を依頼された場合には，速やかに翻訳文を作成して提出してください。

なお，この翻訳料は，通訳人に対する通訳料とは別に，翻訳内容に応じて支給されます。

Q　裁判所から翻訳の依頼があった場合に留意する事項は何ですか。

A　書記官から，翻訳言語，提出期限などを示してお願いしますので，特に提出期限に留意してください。また，担当の書記官の氏名を聞いておくと，疑問点が生じた場合に照会するのに便利です。

### 第3節　法廷通訳の依頼

要通訳事件では，適格な通訳人を選任することが極めて重要ですが，適格な通訳人であるためには，十分な語学力を有するとともに，中立公正であることが必要です。

この点，捜査段階で付された通訳人を法廷における通訳人として選任することについては，裁判の公正に対する無用の疑念を生じさせたり，捜査段階の通訳人の面前では，取調べ時に供述したことに心理的に影響されて，被告人が公判廷で自由に言い分を言えないおそれも考えられることから，法廷通訳には，できる限り捜査段階の通訳人と別の通訳人を選任することが望ましいと考えています。実際にも特段の事情のある場合を除き，別の通訳人を選任する運用がされています。

①Q　裁判所から通訳の依頼があった場合に確認しておく事項は何ですか。

A　①裁判所名，②担当裁判部と書記官の氏名，③内線番号，④通訳言語，⑤事件名，⑥被告人の氏名，⑦公判期日，⑧公判の予定所要時間，⑨弁護人が決まっていればその氏名と連絡先，⑩弁護人の国選，私選の別，⑪公判前整理手続や，即決裁判手続による審理が予定されているか，⑫裁判員の参加する裁判（以下「裁判員裁判」といいます。）であるかどうかなどを確認しておくとよいと思います。また，被告人が複数になると公判時間が長くなるとともに別々の日時に接見に同行することになるため，時間を要することに留意してください。

②Q　捜査段階で通訳した事件について法廷通訳を依頼された場合にはどうしたらよいですか。また，捜査段階で共犯者の通訳を行っている場合はどうですか。

A　裁判所は，捜査段階でどのような通訳人が付いたのかを知らないのが通常です。したがって，まずその旨を書記官に伝えてください。そのような場合には基本的には他の通訳人に依頼することになりますが，他に適格な通訳人の確保が困難な場合には通訳を再度依頼することもあります。その場合には御協力をお願いします。なお，共犯者の通訳の場合も基本的には同様です。

## 第4節　公判前整理手続

公判前整理手続とは，充実した公判審理を集中的・連日的に行うことを目的として，裁判所が，検察官及び弁護人の出席のもとで行う非公開の手続をいいます（事案によっては，検察官及び弁護人が出席せず，書面のやりとりによって行うこともあります。）。

公判前整理手続は，裁判員対象事件では必ず実施されますし，それ以外の事件では，裁判所が，充実した審理を集中的・連日的に行うために必要であると認めた場合に実施されます。そこでは，①事件の争点は何なのか，②公判において，どの証拠を，どういった順序で取り調べるのか，③公判期日をいつ行い，その期日での具体的な進行はどうするのかなどといったことが決められます。

公判前整理手続においては，被告人は，裁判所が特に出頭を求めない限り，その期日に出頭する義務はありません。したがって，被告人が期日への出頭を希望せず，裁判所でも特に出頭を求めない場合には，被告人不出頭のままで行われます。

①Q　公判前整理手続で通訳を行うことはありますか。

A　公判前整理手続期日に日本語を理解しない被告人が出頭する場合には，そこで行われた手続について通訳を行うことになります。なお，被告人が出頭しない公判前整理手続期日について通訳を依頼することはありませんが，期日直前になって被告人が出頭することになった場合には，急に通訳を依頼することもありますので，その場合には御協力をお願いします。

②Q　公判前整理手続では，公判審理に比べて，通訳はかなり困難なものになるのではないですか。

A　従前の公判審理に比べて，難しい手続が行われるわけではありませんが，事案によっては，裁判所と当事者との間で，専門的な法律用語を用いた細かいやりとりがされることもあります。そのような場合，通訳のやり方について，あらかじめ裁判所と相談しておくとよいでしょう。

③Q　公判前整理手続が実施された事件の審理について，通常の事件と異なる点はありますか。

A　公判前整理手続が実施された事件では，その後の公判期日において，検察官の冒頭陳述の終了後，弁護人の冒頭陳述（弁護側の主張があるとき）及び公判前整理手続の結果を明らかにする手続（66ページの参考例参照）が行われます。

また，証拠申請やこれに対する意見の聴取，証拠を取り調べるかどうかなどに関する裁判所の決定は，通常，公判前整理手続で既に行われているため，冒頭陳述や結果顕出の手続が終了した後は，引き続き証拠の取調べが行われます。

## 第5節　第1回公判期日の指定

裁判所が公判の期日を指定する際には，あらかじめ通訳人との間で日程の調整を行った上で期日の指定を行っています。

また，弁護人は，第1回公判期日前（公判前整理手続期日が開かれる場合には，その第1回期日前）に被告人と接見し，日本の刑事裁判手続や起訴状の内容等を説明するとともに，事件について打合せをする必要がありますので，裁判所は，それらに要する日数にも配慮して期日を指定しています。

Q　期日の打合せをする上で留意すべき事項は何ですか。

A　公判後に予定を入れている場合等で時間に制約があるときには，「何時から次の予定が入っていますから，何時までしかできません。」というふうに，具体的に書記官に伝えてください。また，その期日については通訳をすることが可能な場合でも，その期日の直後から旅行に出かけるとか，他の仕事の関係などでしばらく法廷通訳を引き受けられない場合には，「いつからいつまでは引き受けられません。」ということを，事件の依頼があった際にはっきり伝えてください。

## 第６節　裁判所と通訳人との連絡及び通訳人の事前準備

通訳人として選任されることが決まった場合には，書記官から，第１回公判期日の通知（公判前整理手続期日に被告人が出頭する場合には，その期日の通知）がされるとともに，当該期日に在廷してほしいという依頼があります。また，法廷通訳の準備のために，起訴状写しを郵便等で送付します（公判前整理手続の場合には，当事者から提出された書面が送付される場合もあります。）。裁判所によっては，起訴状写しなどとともに，裁判部(裁判官名)，書記官名，裁判部の電話番号，被告人の勾留場所，裁判所の近辺の地図等の必要事項を記載した事務連絡文書を送付することもあります。

なお，第１回公判期日前には，通訳人の準備のために検察官が作成した冒頭陳述書又は冒頭陳述メモ，書証の朗読(要旨の告知）のためのメモ（結審予定の場合には，さらに検察官作成の論告要旨，弁護人作成の弁論要旨）が交付されるのが一般的です。

①Q　法廷通訳の経験のない通訳人の場合，事前の準備と

してどのようなことが考えられますか。

A　事前に他の事件の法廷傍聴をしておくこと，法廷通訳ハンドブックを読むなどして勉強しておくこと，刑事裁判手続を分かりやすく説明した外国人事件用ビデオを裁判所で見せてもらうこと，裁判官又は書記官から手続の説明を受ける機会があればそれも活用することなどにより，刑事裁判手続の流れや法律用語などについて勉強しておくのがよいでしょう。また，冒頭陳述書等をできるだけ早く入手できるように，書記官から検察官や弁護人に伝えてもらうとよいでしょう。さらに，法廷に立ち会う際には，メモ取りの準備をしておくことが不可欠ですし，日ごろから通訳スキルを磨くための様々なトレーニングをしておくことも重要です（第１編第１章③Ｑ＆Ａ（２ページ）参照）。

②Ｑ　通訳の準備のために，検察庁に事件の記録を見に行くことはできますか。

A　公判前の段階では，事件に関する書類は非公開とされていますから，一般的には見ることはできません。

③Ｑ　どのような書面が事前に通訳人に交付されていますか。

A　事件によって異なりますが，一般的には，冒頭陳述書又は冒頭陳述メモ，書証の朗読（要旨の告知）のためのメモ，論告要旨，弁論要旨が交付されています。

なお，このように通訳人には準備のため訴訟に関する書面が交付されますが，これらの書面は一切他に見せてはいけません。

④Q　事前に交付された書面によく分からない点がある場合にはどうしたらよいですか。

A　書面を作成した検察官，弁護人に確認することが望ましいと思われます。一般的な法律用語の意味の確認程度であれば，とりあえず書記官に確認するということでもよいでしょう。

なお，法廷で提出される前の段階では，このような書面は，裁判所の手元にはないことを承知しておいてください。

## 第7節　弁護人の接見への同行

外国人被告人の場合，日本の裁判制度に対する知識がほとんどないことが原因で不安に陥ることが少なくありません。弁護人はその職務として，起訴後できるだけ早い時期に被告人と接見し，起訴状の内容を説明して言い分を聴くとともに，日本の裁判制度等についても十分に説明することが求められています。

そこで，国選弁護事件においては，裁判所では弁護人に対して，あらかじめ通訳人予定者の氏名，電話番号等を通知し，弁護人が希望すれば通訳人予定者を接見に同行できるように配慮することにしています。

また，一定の事件については，起訴される前の段階で，被疑者の請求により国選弁護人が選任されることがあります。この場合には，国選弁護人や国選弁護人の候補者の指名等に関する業務を行う日本司法支援センター（法テラス）から，接見への同行を依頼されることがあります。

したがって，裁判所や国選弁護人等からそのような依頼があれば，御協力をお願いします。

なお，国選弁護事件において，弁護人の接見に通訳人が同行した場合には，弁護人から報酬や費用の支払を受けることができます。

①Q　弁護人の接見に同席した場合に留意すべき事項は何ですか。

A　被告人から尋ねられても，絶対に自己の氏名や連絡先を教えてはいけません。被告人から理由を尋ねられた場合には，「教えてはいけないことになっています。」と答えてください。

また，弁護人にも通訳人の氏名等を被告人に対して紹介することのないよう話をしておくとよいでしょう。

さらに，接見の際に，被告人の話し方の癖等を把握しておくと，法廷通訳をする際に役立ちます。

②Q　接見の通訳をした際に，アクセントが強かったり，方言が交じっていたりして被告人の話す言葉が分かりづらかったり，逆に被告人が通訳人の通訳内容を理解

していないと思われた場合には，どうしたらよいですか。

A　弁護人にその旨を告げるとともに，書記官にもそのことを伝えてください。コミュニケーションがどの程度取れているのか，取りにくい原因は何かなどを考慮して，裁判官が，被告人にゆっくりあるいは繰り返し話すように促すことでまかなえるかどうか，又は通訳人の交替をしてもらうかなどの措置を検討することになります。

③Q　被告人が他の言語の通訳を希望している場合にはどうしたらよいですか。

A　被告人の希望を書記官に伝えてください。同時に，そのままの言語でも意思疎通が可能である場合にはそのことを伝えるとともに，その程度などについても伝えてください。

④Q　被告人から，裁判の見通しについて尋ねられた場合にはどうすればよいですか。

A「通訳人はそのような質問に答えてはいけないことになっています。弁護人に相談してください。」と答えるべきです。勝手に見通しを告げることはしないでください。

⑤Q　被告人から，家族に手紙を渡してほしいとか，差し

入れをするように家族に頼んでほしいというようなことを頼まれた場合にはどうしたらよいですか。

A　「通訳人はそのようなことをしてはいけないことになっています。弁護人に相談してください。」と答えるべきです。

⑥Q　弁護人から，被告人に差し入れをするよう被告人の家族に頼んでほしいと依頼された場合にはどうしたらよいでしょうか。

A　自分で依頼の適否について判断するのではなく，「裁判所に確認を取ってからでないとできませんので，裁判所に依頼の趣旨を伝え，確認を取ってください。」と言ってください。

⑦Q　被疑者段階での接見に同行した場合と，起訴後の接見に同行した場合とで，留意すべき点に違いはありますか。

A　基本的には，どちらの接見においても留意点に違いはありません。

ただし，被疑者段階では，事件はまだ裁判所において審理すべき状態にあるわけではないので，裁判官や書記官から具体的な指示を受けることはできません。

疑問点が生じた場合には，適宜弁護人に相談して，その指示を受けてください。

⑧Q　接見に同行した後に留意すべき事項がありますか。

A　被疑者や被告人には，接見交通権といって，立会人なくして弁護人と接見する権利が認められています。

そして，通訳人は特別に接見に同行することを許されているのですから，接見の際に交わされた被疑者又は被告人と弁護人とのやりとりを外部に漏らすようなことは，絶対に慎んでください。

このことは，裁判官や書記官に対してであっても同じです。

## 第4章　公判手続

### 第1節　法廷通訳一般

①Q　通訳をする際には，直接話法（・・・です。）の形で通訳をすべきでしょうか，間接話法（・・・だそうです。）の形で通訳をすべきでしょうか。

A　話者が話した内容で通訳すべきですから，直接話法の形で通訳してください。

②Q　被告人等が発言しない場合には，通訳人から発言するように促すべきでしょうか。

A　通訳人は法廷で自ら発言することは原則的にないと心得ておいてください。特に被告人には，黙秘権がありますから，勝手に発言を促すようなことをしてはいけません。

③Q　連続して行う通訳時間について希望がある場合にはどうしたらよいですか。また，通訳中に休憩を取りたい場合にはどうしたらよいですか。

A　通訳人の方からは，１時間半から２時間くらいで休憩を入れてほしいという意見が多いようです。経験が少ない通訳人の場合には，もっと短い時間で休憩が必要になることも考えられます。要望があれば，事前に書記官に伝えておいてください。また，疲労が激しい場合などには，開廷中であっても書記官にそのことを告げて裁判官に伝えてもらうとよいでしょう。

④Q　被告人から不信感を持たれているなどの問題があると感じた場合には，どうしたらよいですか。

A　信頼関係に問題があると感じる場合には，書記官にそのことを伝えてください。不信感の背景には，例えば被告人が日本の裁判制度を誤解していることが原因になっていることもあります。その場合には，裁判官や弁護人から被告人に対し，日本の裁判制度について説明することになります。

⑤Q　法制度，習慣，文化の異なる被告人の通訳を行うに当たって，配慮すべき事項がありますか。

A　法制度や歴史的背景の違い等から，被告人が通訳人に対し敵対心を持つことや，逆に被告人の言おうとする本当の意味が分からないことがあると思われます。したがって，法廷通訳を行うに当たっては，語学的な面だけでなく，その国の文化や法制度等を理解するよう日ごろから努めてください。

⑥Q　被告人の陳述について，配慮すべきことがありますか。特に罪状認否についてはどうですか。

A　裁判所も留意していますが，被告人によっては，陳述の際，一度にたくさん話し出すことがありますので，法廷に入ったらすぐにメモの準備をしておくことなどが必要です。

特に罪状認否は重要な手続ですので，慎重に通訳をする必要があります。被告人がうなずいた場合にも安易に「はい。」と通訳をするようなことは避けてください。

⑦Q　被告人が，弁護人の接見の際と異なることを述べた場合にはどうすればよいですか。

A　証拠となるのは，公判廷での発言ですから，接見の際の内容にかかわらず忠実に通訳すべきです。この場合には，接見の際の被告人の発言に影響されるようなことがあってはいけません。

⑧Q　書面を事前に交付された場合には，どのようなことに留意したらよいですか。

A　分からない法律用語，読めない地名，人名等がある場合には早めに尋ねておく必要があります。書証の要旨の告知のために証拠等関係カードが交付されている場合には，略語表（１８５ページ参照）で書証の表題を確認しておくとよいでしょう。

ただ，事件の進行によっては，事前に交付された書面の内容が変更されることがありますので，柔軟に対応する必要があります。

## 第2節　開廷前の準備

開廷前には，裁判官又は書記官と通訳人との間で，その期日に予定された手続を確認するとともに，必要な書類や送付した書類等が手元に届いているかどうか確認することもあります。この際に書類の中に分からない用語がある場合には，説明を求めるとよいでしょう。

なお，通訳人には守秘義務がありますから，これらの書類の取扱いには細心の注意を払ってください。

①Q　開廷前に準備しておく必要のあるものは何ですか。

A　早めに書記官室へ行って（直接法廷に行くように言われる場合もあります。），宣誓書の署名，出頭カードの記載，報酬関係の書類への記載をする必要があります。印鑑を持っている方は，このときに使いますので，印鑑を持参してください。

②Q　開廷前の時間はどのように過ごすとよいでしょうか。

A　早めに法廷に行って，自分の座る位置を確認し，メモや起訴状等の書面を通訳する順序に重ねておくなどの準備をしておくと落ち着いて通訳できるでしょう。

なお，開廷前に勝手に被告人や被告人の関係者と話をしないようにしてください。

## 第3節　公判廷での手続

### 1　通訳人の宣誓等

まず，裁判官が，通訳人が本人であるか否かを確認する手続（人定尋問）を行います。

続いて，宣誓していただきます。宣誓書を手に持って，声を出して読んでください。宣誓する場所については，裁判官の指示に従ってください。

Q　通訳人の宣誓の際に氏名住所等を言いたくない場合にはどうすればよいですか。

A　勾留質問の際と同様，あらかじめ人定事項を記載した書面をもとに，裁判官が「このカードに記載されているとおりですね。」と尋ねるのが一般的です。

念のため，事前に書記官にその旨を伝えておいてください。

### 2　被告人に対する宣誓手続等についての説明

裁判官の指示に従って，被告人に対し，自分がこの裁判において裁判所から通訳を命じられたこと，そして誠実に通訳することを宣誓した旨を告げてください。

なお，これ以降は，着席のまま通訳していただいて差し支えありません。

### 3　被告人の人定質問

裁判官は，被告人に対して，証言台の前に進み出るよう命じ，氏名，生年月日，国籍，日本における住居及び職業を尋ねます。

### 4　起訴状朗読

検察官が起訴状記載の公訴事実，罪名及び罰条を朗読します。

なお，性犯罪等の事件については，起訴状に記載されている被害者の氏名や住所などの被害者を特定させる事項を法廷において明らかにしない旨の決定（以下「被害者特定事項の秘匿決定」といいます。）がされることがあります。この場合には，起訴状に記載されている被害者の氏名や住所等は明らかにされず，「被害者に対し」であるとか，「○○市内の被害者方において」などと朗読されます。

①Q　起訴状につき，外国語に的確な訳語がない場合はどのようにすればよいですか。

A　起訴状朗読では，起訴状に記載されている内容を忠実に通訳する必要がありますが，中にはぴったりと当てはまる訳語がない場合もあります。そのような場合には，説明を付加して訳さざるを得ないことになります。用語の意味内容について不安がある場合には，事前に書記官に相談してください。

②Q　被害者特定事項の秘匿決定がされた場合には，検察官が朗読したとおりに通訳すべきですか。それとも，起訴状に記載されている内容のとおり通訳すべきですか。

A　必ず検察官が朗読したとおりに通訳してください。被告人には，起訴状朗読後に起訴状及び起訴状概要の翻訳文が示されますので，朗読されなかった部分を通訳する必要はありません。

**5　黙秘権の告知**

裁判官が被告人に対し，黙秘権を告知します。

**6　事件に対する被告人の陳述**

裁判官が被告人に対し，公訴事実についての認否を尋ねます。

**7　弁護人の意見**

裁判官が，公訴事実について，弁護人に意見を求めます。これが終わると，被告人は，裁判官の指示で着席します。

**8　ワイヤレス通訳システムの利用**

ワイヤレス通訳システムとは，送信機を装着した通訳人が小声で通訳を行い，それを受信機のイヤホンを通じて被告人に伝える装置です。公判廷における日本語での発言のうち，事前に通訳人に書面が交付された手続部分について，日本語での発言に並行して，あらかじめ準備した通訳内容を伝える形で同時進行的な通訳ができるようにするものです。したがって，このシステムはいわゆる同時通訳とは異なるものです。

これにより，手続を中断することなく，被告人に通訳内容を伝えることができることになるため，審理時間の短縮，ひいては通訳人の負担の軽減を図ることができるとともに，短縮された時間を証人尋問や被告人質問に充てて審理の充実を図ることができます。

このシステムは，法廷では次のように運用されています。

(1) 通訳人が送信機を，被告人が受信機を，それぞれ使用する。

(2) 冒頭陳述，書証の要旨の告知，論告，弁論などのように，検察官又は弁護人があらかじめ準備し，通訳人に交付してあった書面を法廷においてそのまま朗読する手続に使用し，起訴状朗読，証人尋問，被告人質問及び判決宣告には使用しない。

①Q　ワイヤレス通訳システムを利用する場合に，通訳人として留意すべき事項は何ですか。

A　まず，事前に交付された書面の内容を通訳できるように十分に準備をしておく必要があります。

また，被告人がワイヤレス通訳システムの使用を拒んでいるときは，その旨裁判所に伝えてください。

当該機器はささやくような声で話をしても被告人に聞こえるようになっています。できる限り声を落として通訳してください。

②Q　ワイヤレス通訳システムを使用する際には，検察官や弁護人が書面を読む速度に合わせて該当部分を通訳すべきですか。

A　書面の内容を通訳するわけですから，検察官や弁護人が書面を読む速度に合わせる必要はありません。むしろ，被告人に書面の内容を理解させる速度で通訳をすることが重要です。

## 9　証拠調べ手続

(1)　冒頭陳述

「この裁判で検察官が証拠により証明しようとする事実は，以下のとおりである。」などと告げた後，検察官が冒頭陳述を行います。

なお，公判前整理手続が実施された場合で，弁護側の主張があるときには，検察官の冒頭陳述の後に弁護人の冒頭陳述が行われ，引き続き公判前整理手続の結果を明らかにする手続が行われます（６６ページの参考例参照）。この場合，証拠申請等に関する以下の(2)から(4)の手続は，通常，公判前整理手続の中で既に行われているため，この後は(5)の証拠の取調べが行われることになります。

Q　冒頭陳述は一括して通訳するのでしょうか，それとも一文ごとに区切って通訳するのでしょうか。

A　一括して通訳する場合が多いと思われますが，書面が事前に交付されていないような場合には，一文ごとに通訳をすることもあります。

(2)　検察官からの証拠申請

通常，冒頭陳述に引き続いて検察官が「以上の事実を立証するため証拠等関係カード記載の証拠を申請します。」などと述べます。

(3)　検察官の証拠申請に対する弁護人の意見

検察官の証拠申請に対して，弁護人が同意，不同意などの意見を述べます。同意，不同意という言葉は通常の日本語の意味とは異なる意味を持つものですから，その意味をしっかりと理解しておく必要があります。

また，この際に具体的な事実を示して，信用性がないとか，違法収集証拠であるというような主張がされることもありますので，メモを取る準備をしておく必要があります。

(4)　裁判所の証拠採否（証拠を採用するか却下するか）の決定

弁護人の同意がない限り，原則として証拠書類については，証拠調べをすることはできません。裁判所は，弁護人が同意した証拠書類について，必要性や相当性を判断した上，証拠として取り調べることを決定します。弁護人が不同意とした証拠については，それに代えて，証人尋問の請求がされることもあります。

(5)　採用された証拠の取調べ

ア　証拠書類の内容の要旨の告知（又は朗読）

交付された証拠等関係カードのうち採用された証拠書

類については，検察官が要旨を告知（又は朗読）するので，その順に，その内容を通訳してください。

イ　証拠物の展示

証拠物の取調べは，検察官が採用された証拠物を法廷で示すことによって行いますが，このとき被告人に対する質問をする場合があります。すなわち，被告人が，裁判官の指示により証言台に進み出た後，検察官は被告人に対し，「検察官請求証拠番号○○番の・・・・を示す。」と述べ，「あなたは，この・・・・に見覚えがありますか。これはあなたの物ですか。」などと質問します。

(6)　証人尋問

ア　証人の宣誓及び虚偽の証言に対する注意

証人が宣誓した後，裁判官から証人に対して，虚偽の証言をすると偽証罪で処罰される旨の告知があります。

イ　通訳の方法

(ア)　外国語を使用する証人の場合

a　被告人と同じ言語の場合

日本語の尋問→通訳→証人の供述→通訳の順に行います。

b　被告人と異なる言語の場合（次の２通りがあります。）

(a)　日本語の尋問→証人に対する尋問の通訳→被告人のための尋問の通訳→証人の供述→日本語への通訳→被告人のための供述の通訳の順に行う方法

(b) 日本語の尋問→証人に対する尋問の通訳→証人の供述→日本語への通訳→被告人のための尋問と供述の通訳の順に行う方法

(a)の方法が原則ですが，この方法では，通訳の間に，証人が質問の内容を忘れてしまうことなどもありますので，これに代えて，(b)の方法を採ることもあります。

(イ) 日本語を使用する証人の場合（次の2通りがあります。）

a 日本語の尋問→通訳→証人の供述→通訳の順に行う方法

b 日本語の尋問→証人の供述→尋問と供述の通訳を行う方法

aの方法が原則ですが，前記(ア)bと同じ理由でbの方法を採ることも多いようです。

なお，情状証人の場合には，ある程度尋問と供述を続けた後，裁判官が通訳人に供述の要旨を告知し，まとめて通訳してもらうこともあります。

ウ 証人の不安や緊張等を緩和するための措置

犯罪によって被害を受けた方等が証人として証言する場合，不安や緊張を緩和するため，次のような措置をとることが認められています。

(ア) 証言をする際，家族等に付き添ってもらうことができます（付添い）。

(イ) 証人と被告人や傍聴席との間につい立てなどを置

き，被告人や傍聴席の視線を気にせず証言することができます（遮へい）。

(ウ) 事件によっては，法廷とテレビ回線で結ばれた別室で証言することもできます（ビデオリンク）。

なお，遮へいの措置をとった際に，被告人の様子が見えにくく，通訳をするに当たって支障がある場合には，裁判官に申し出てください。被告人の着席位置を変更したり，つい立ての位置を調整するなど，裁判官が適宜判断し，対処することになります。

①Q 質問とそれに対する答えがちぐはぐになった場合には，答えをそのまま訳すべきですか，それとも，もう一度聞き直すべきですか。

A ちぐはぐのまま通訳してください。気になるようなら裁判官に，「かみ合っていませんけれども通訳としてはそのまま伝えます。」と告げるとよいでしょう。

②Q 質問の意味が不明瞭であったり，同音異義語でどちらの意味かはっきりしないような場合にはどうすればよいのですか。

A 裁判官の許可を得て確認すべきです。

③Q 証人の発言等について，重要でないと思われる部分については通訳を省略してよいですか。

A　省略してはいけません。できる限り忠実に通訳してください。一部を省略したり内容をまとめたりすることはしないでください。

④Q　証人尋問の通訳を行う際には，どのような態度で行えばよいですか。

A　証人に対して中立な立場で接し，その証言等に対して，仮に不信や同情等を感じても，表情に出さないようにしてください。

⑤Q　証人があいまいな返事をしたり，証言をしている途中で，言い直しをした場合には，どのように通訳すべきですか。

A　そのまま通訳をすべきです。内容を明確にさせるためや供述の矛盾を整理するため聞き直して供述を引き出したり，通訳人が勝手に解釈して断定的な通訳をしてはいけません。

⑥Q　証人の答えが長すぎて通訳しにくい場合には，どうしたらよいですか。

A　手を上げるなどして，裁判官に答えが長すぎて通訳しにくいことを伝えてください。そうすれば，裁判官が答えを一文ずつ区切って通訳するように指示したり，尋問者に対して問いを工夫してもらうよう指示するなど，適宜判断し，対応してくれます。

⑦Q　証言の内容が高度に専門的，技術的であるなどの理由により，そのまま通訳をすることに無理があると感じた場合には，どうしたらよいですか。

A　直ちにそのことを裁判官に告げてください。分かる部分だけを通訳するようなことは，しないでください。

可能であれば平易な内容に証言をし直してもらうなどの措置を採ることになります。

⑧Q　証人との間で，アクセントや方言のためにコミュニケーションが取りづらいときには，どうしたらよいですか。

A　直ちにそのことを裁判官に告げて，指示を待ってください。程度にもよりますが，ゆっくり証言させたり，繰り返し証言することにより手当てができるのであれば，そのような方法を採ることになります。

⑨Q　通訳をする際には，発言者の表現を忠実に再現するべきですか。

A　発言者と同じ表現を使ってください。例えば丁寧語を用いるなどして表現方法を改めるようなことはしないでください。

⑩Q　証言の途中で，例えば大きさや高さや量を示すために，証人が身振り手振りをした場合には，身振り

手振りも含めて通訳すべきですか。

A　言葉だけを通訳すればよく，身振り等を繰り返す必要はありません。

⑪Q　答えが聞き取れないなどの理由により，答えを繰り返してほしいと思ったときはどうすべきですか。

A　裁判官に，「聞き取れませんでしたので，証人に答えを繰り返すように頼んでもいいですか。」と断ってから頼んでください。

⑫Q　尋問に対して異議が出された場合には，どのようにしたらよいですか。

A　異議に対する意見，判断などの一連のやりとりを逐一通訳するのか，あるいは，やりとりが終わった後に裁判官が通訳すべき範囲をまとめて，それに従って通訳するのかなど，裁判官の指示に従って対応してください。ただ，一連のやりとりは，メモに取っておくとよいでしょう。

⑬Q　証言中の語句，言い回し等を理解できない場合や，通訳できない場合にはどうしたらよいですか。

A　証言の繰り返しや別の言葉での表現を頼んでよいかについて裁判官の許可を得てください。

⑭Q　証人等が人数や性別がはっきりしない代名詞を使った場合には，どうしたらよいですか。

A　そのために完全な通訳ができないことを裁判官に告げて，その部分をはっきりさせるように質問してよいかどうかの許可を得てください。

⑮Q　質問者が名前や数字を間違って質問している場合でもそのまま通訳すべきですか。

A　そのまま通訳すべきです。誤りの指摘や訂正についても裁判官や検察官，弁護人に任せてください。

ただ，明らかに誤解に基づく場合で，だれも気が付いていないと思われるときには，その旨を裁判官に指摘してください。

⑯Q　通訳に関し，正確性について疑問がある旨の指摘を受けた場合にはどうしたらよいですか。

A　裁判官の指示を待ってください。裁判官の許可があるまで，正確性について自分の意見を述べるのは差し控えてください。通常，裁判官は，問題とされた供述等を引き出す発問からやり直してもらい，あるいは発問の仕方を変えて平易な表現でその点を聞き直させることにより処理する場合が多いと思われます。

⑰Q　質問や発言の中に寸法や重量，外国通貨の量が含まれている場合には，日本のそれらのものに換算すべきですか。

A　自分で換算する必要はありません。換算は，基本的には裁判官，検察官又は弁護人が行います。

暦についても一度そのまま通訳してください。その後，換算に関するやりとりがあった場合にはそれを通訳し，また，裁判官から西暦等に換算した上で通訳するように指示された場合には，それに従ってください。

⑱Q　図面を利用した尋問等の場合に，留意する事項は何ですか。

A　被告人が「ここ。」とか「あそこ。」と発言した場合でもそのとおり通訳する必要があります。また，複雑な尋問の場合には，書記官に頼んで図面の写しを準備してもらうとよいでしょう。

⑲Q　仲間うちでだけ用いられる特殊な用語が使用された場合には，通常の言葉に直して通訳すべきですか。

A　そのまま通訳する必要があります。そして，必要があれば裁判官等が続けて質問しますので，それを待つべきです。

⑳Q　鑑定証人の尋問の場合に留意すべき事項は何ですか。

A　難しい専門用語を通訳する必要がありますので，あらかじめ尋問の際に使用すると思われる用語については調べておく必要があります。また，尋問の中に理解できない言葉がある場合には，遠慮なく申し出てください。専門用語を調べる時間が必要な場合には，その旨申し出てもよいでしょう。

## 10　被告人質問

被告人は，宣誓することはありません。なお，通訳は，日本語の質問→通訳→被告人の供述→通訳の順序で行うのが一般的です。

①Q　被告人が質問の内容を理解していないと思われる場合にはどうしたらよいですか。

A　通訳人の判断で被告人に説明したりせず，よく理解できていないということを裁判官に告げてください。

②Q　被告人が個人的に話しかけてきた場合にはどうすべきですか。

A　会話に応じないで，身振りなどで，会話はできないことを示してください。実際に話しかけられた場合は，その内容を裁判官に伝えてください。

## 11　論告

検察官の事件に関する最終的な意見が述べられます。検察官から事前に「論告要旨」と題する書面（ただし，求刑部分を空欄としたもの）が交付されるのが一般的です。書面が交付されている場合には，検察官の意見陳述後に，この書面に基づいて通訳してください。また，この場合には，ワイヤレス通訳システムを利用することが多いと思われます。

なお，被告人が求刑の意味を理解していない場合には，裁判官が補足説明をすることがあり，その場合には，それを通訳することになります。

Q　論告の際に留意する事項は何ですか。

A　求刑は，あくまでも検察官の意見ですが，判決を宣告されたと誤解する被告人も多いです。通訳人の方もこの点についてはよく理解しておいてください。

なお，論告要旨が事前に交付される場合でも，求刑のところは空欄になっている場合がほとんどです。したがって，求刑についてはその場で検察官が述べた内容を正確に聞き取り，通訳するようにしてください。聞き漏らした場合には，検察官に確認してください。

**12　弁護人による弁論**

弁護人の事件に関する最終的な意見が述べられます。弁護人からあらかじめ「弁論要旨」又は「弁論メモ」と題する書面が通訳人に交付され，通訳はこれに基づいて行うのが一般的です。弁論要旨等を事前に交付してある場合には，ワイヤレス通訳システムを使用することが多いと思われます。

弁護人が，弁論要旨等を事前に準備していないときは，弁護人は通訳できるよう適当な範囲で区切って弁論し，通訳人は順次通訳する運用になることが多いと思われます。

Q　ワイヤレス通訳システムを使用する論告･弁論の手続で，検察官が被告人の弁解内容に対応して，事前に交付した論告要旨の書面の内容を一部訂正，追加したり，弁護人が論告の内容に対応して弁論要旨の内容を同様に変更した場合にはどうしたらよいですか。

A　検察官又は弁護人が訂正，追加した部分を通訳人に指摘しますので，それに基づいて通訳することになります。

### 13　被告人の最終陳述

裁判官が，被告人に対し，「これで審理を終えますが，最後に何か言いたいことがありますか。」などと尋ねます。被告人は，証言台に進み出て陳述する場合がありますので，その内容を通訳してください。

### 14　次回期日の指定

裁判官が次回期日を指定しますので，その期日と，次回期日に何を行うかについて，裁判官の説明したことを通訳してください。被告人の最終陳述が終わっていれば，次回期日には判決が言い渡されることになります。

続行期日，判決宣告期日を指定する際には，通訳人と調整して期日を指定することになります。特に，継続して開廷する場合には，通訳人との関係で期日を一括指定することもありますから，自分の都合を何か月か先まで正確に把握しておく必要があります。

## 15　判決宣告の手続

判決宣告の手続については，法廷通訳参考例（８４ページ）を参考にしてください。

判決書の内容は事前に外部に漏れると困りますので，当日までは見ることができません。ただ，判決を正確に通訳できるようにするため，通訳人用の判決要旨，判決写しを作成し，裁判所によっては，これを判決宣告期日の開廷１０分ないし３０分くらい前に通訳人に交付し，事前に目を通してもらうといった運用もされています。この場合に，判決要旨等を交付した後は書記官室から出ないようにしてもらっているようです。裁判所がどのような方法を採っているのかを確認するとよいでしょう。また，判決の要旨等がないと通訳に不安がある場合には，あらかじめ書記官にその旨を申し出るとよいでしょう。

いずれにしても，判決宣告期日には少し余裕をもって裁判所に行くとよいでしょう。

なお，判決宣告手続にはワイヤレス通訳システムは使用しない取扱いです。

①Q　判決宣告期日の公判に要する時間は，どれくらいを予定しておけばよいですか。

A　事件によって異なりますので，裁判官にどの程度時間を取っておけばよいか確認してください。

一般的には，被告人が否認している事件は，自白事件よりも時間を要することになります。

さらに，判決宣告期日に弁論を再開して証拠調べ等を行うこともありますので，注意してください。

②Q　執行猶予の説明を通訳する際に留意すべき事項は何ですか。

A　執行猶予の説明は，被告人には分かりにくい面がありますので，裁判官もできるだけ分かりやすい説明をするように心掛けています（８６ページの参考例参照）。それでも被告人が理解していないと思われる場合には，裁判官にそのことを告げてください。

③Q　未決勾留日数の刑への算入の説明を通訳する際に留意すべき事項は何ですか。

A　未決勾留日数の刑への算入の説明も被告人には分かりにくいようですので，裁判官は分かりやすい説明を心掛けています（８６ページの参考例参照）。通訳人においても書記官に尋ねるなどして内容をよく理解しておいてください。

**16　上訴期間等の告知**

有罪の判決の場合には，裁判官は被告人に対して上訴期間及び上訴申立書を差し出すべき裁判所を告知します。

**17　即決裁判手続**

即決裁判手続とは，争いのない明白軽微な一定の事件について，検察官からの申立てにより，裁判所が決定に基づいて行う手続です。この手続には，①起訴されてから公判期日までの期間が短いこと(できる限り，起訴後１４日以内の日に公判期日を指定することとされています。)，②一般の公判手続と比べ，簡略な方法で証拠調べが行われること，③原則として，即日判決が言い渡され，その判決において懲役又は禁錮の言渡しをする場合には，必ずその刑の執行が猶予されることなどの特徴があります。

Q　即決裁判手続において留意すべき事項は何ですか。

A　通常の事件と比べ，起訴されてから公判期日までの期間が短いことから，事案によっては，通訳の依頼が期日の直近になることがあります。その場合には，御協力をお願いします。

また，公判期日において交わされるやりとりについて，通常の手続とは一部異なる部分があります（７６ページの参考例参照)。このほか，原則として即日判決が言い渡されるため，判決宣告の通訳の準備をどうするのかを含め，あらかじめ書記官等に手続の流れを確認しておくとよいと思われます。

## 第４節　裁判員裁判

裁判員裁判においては，一般の国民の中から選ばれた裁判員が裁判官とともに審理に参加することから，その審理は集中的･連日的に行われます。これを可能とするために，すべての事件において必ず公判前整理手続が実施され，この中で事前に争点や証拠の整理等が行われます。

また，法廷での審理内容を裁判員にも分かりやすいものにするため，法廷内で使用される法律用語は，一般の人にも分かるような言葉に言い換えられたり，冒頭陳述等においてプレゼンテーションソフトが用いられる例もあります。さらに，証拠調べにおいても，供述調書等は全文朗読又は限りなくこれに近い要旨の告知の方法によって取り調べられているほか，証人に法廷で直接証言してもらうことも増えています。なお，プレゼンテーションソフトが用いられる場合には，示された文書や画像などの内容をスムーズに通訳することができるように，事前に裁判所や訴訟関係人と打合せをしておくとよいでしょう。

①Q　連日的開廷が行われる場合，通訳人の負担はかなり重くなるのではないでしょうか。

A　裁判員裁判における尋問は，従来よりも争点に即した，簡にして要を得たものとなりますし，また，裁判員の疲労や負担にも配慮して，これまでよりも頻繁に，相応の時間の休憩が取られることになります。したがって，一概に通訳人の負担が重くなるということはありません。

②Q　裁判員裁判を担当するにあたり，事前に裁判所と打合せをしておく必要はありますか。

A　連日的開廷により，肉体的，精神的疲労が蓄積して一人で通訳をすることが困難と予想される場合や，日程の都合がつかず，一部の期日に出頭できない場合などには，事前に裁判所に申し出てください。審理中の休憩の取り方や，場合によっては，通訳人を複数選任することなどについて，裁判所が，通訳人の意向も考慮しつつ，個別に判断させていただくことになります。

③Q　公判期日までの準備事項で，これまでと異なる点はありますか。

A　裁判員裁判では，供述調書等は全文朗読又は限りなくこれに近い要旨の告知の方法によって取り調べられることになります。その通訳の準備のため，あらかじめ訴訟関係人から通訳人に資料が交付されることがありますので，それを基に準備しておくとよいでしょう。受け取った書類については，絶対に他人の目に触れることのないよう細心の注意を払うようにしてください。

## 第5節　被害者参加

殺人，傷害，自動車運転過失致死傷等の一定の刑事事件の被害者や遺族の方等が，裁判所の許可を得て，被害者参加人として刑事裁判に参加し，検察官との間で密接なコミュニケーションを保ちつつ，一定の要件の下で，公判期日に出席するとともに，証人尋問，被告人質問及び事実又は法律の適用についての意見の陳述を行うことができる制度です。

なお，被害者参加人が日本語に通じない場合にも，通訳をお願いすることになります。

①Q　被害者参加人が発言するのは，具体的にはどのような場面ですか。

A　情状に関する証人の供述の証明力を争うために必要な事項について証人を尋問する場面，被害者参加人が意見を述べるため必要と認められる場合に被告人に質問をする場面，事実又は法律の適用について意見を述べる場面などがあげられます。なお，被害者参加人が出席する際にも，付添い，遮へいの措置が認められています（２７ページ９(6)証人尋問ウ(ア)(イ)参照）。

②Q　被害者参加人が意見陳述を行う場合，どのように通訳をすればよいですか。

A　一文ずつ区切って通訳を行うか，陳述後にまとめて通訳を行うかなど，通訳の方法については，あらかじめ裁判所と相談しておくとよいでしょう。なお，意見陳述が長くなる場合には，被害者参加人が事前に準備していた読み上げ書面に基づいて通訳をしていただく場合もあります。

③Q　被告人から，どうして被害者等が法廷に立ち会っているのかと尋ねられた場合，どのように対応すればい

いですか。

A　そのような場合には，通訳人の判断で被告人に説明したりせず，裁判官に対してその旨を伝え，指示に従ってください。

## 第５章　その他の留意事項

①Q　判決宣告直後に，弁護人から，被告人に判決の内容やその後の手続について説明をするための通訳を依頼された場合はどうしたらよいですか。

A　そのような説明が必要となる場合もありますので，依頼された場合にはよろしくお願いします。

②Q　弁護人以外の者から，被告人と接見等をする際の通訳を依頼された場合にはどうしたらよいですか。

A　公正さに疑いを持たれる行為ですから，断ってください。

③Q　弁護人から上申書等の翻訳を依頼された場合にはどうしたらよいですか。また，その場合の報酬はどのようになりますか。

A　弁護活動を行う際に使用される一定の書面について，国選弁護人からの依頼に基づいて翻訳を行った場合には，弁護人から報酬の支払を受けることができます。依頼を引き受けるに当たっては，事前に報酬等について弁護人から説明を受けておくとよいでしょう。

④Q　通訳費用の負担について被告人から尋ねられたらどうしたらよいですか。

A　弁護人に尋ねるよう告げてください。ちなみに通訳にかかった費用については，裁判実務では被告人に負担させない運用が定着しています。

⑤Q　判決宣告により終了した事件の関係書類はどうしたらよいですか。

A　まず，判決要旨は，宣告後すぐに裁判所に返還してください。その他の書類については，裁判所から返還を求められなければ,処分して差し支えありませんが,書類が他人の目に触れないように，処分方法には十分に注意してください。

# 第２編

# 控訴審における刑事手続の概要

# 第2編　控訴審における刑事手続の概要

## 第1章　控訴審とは

### 1　上訴制度

上訴とは，未確定の裁判に対して，上級裁判所の審判による救済を求める不服申立ての制度です。

第一審の判決に不服がある場合には，訴訟当事者は，事実誤認，訴訟手続の法令違反，法令適用の誤り，量刑不当などを理由として，高等裁判所に対して上訴（控訴といいます。）することができます。控訴審の裁判所は，第一審が地方裁判所又は簡易裁判所のいかんにかかわらず高等裁判所です。控訴審では合議体で裁判を行います。

控訴審の判決に不服がある場合には，最高裁判所に上訴（上告といいます。）することができます。

### 2　控訴審の役割

控訴審では，申立人の指摘する控訴理由を中心に，第一審判決の当否を審査することが直接の目的とされます。審理の結果，第一審判決を維持すべきであれば控訴棄却，第一審判決を取り消す必要があれば原判決破棄となります。原判決破棄の場合には，第一審裁判所に事件を差し戻し，又は移送するときと，控訴審の裁判所が自ら事件について判決をし直すときとがあります。

## 第2章　控訴の申立て等

### 1　控訴の提起期間

控訴の申立てのできる期間は，１４日以内と規定されています。この期間は，第一審判決の宣告のあった日の翌日から起算されます。

### 2　申立ての方式

第一審の判決（原判決ともいいます。）に対して控訴する場合には，当事者は控訴申立書を第一審の裁判所（原裁判所ともいいます。）に提出して行います。

控訴の申立てがあったとき，第一審裁判所は，速やかに訴訟記録及び証拠物を控訴裁判所に送付します。

### 3　上訴の放棄

上訴の放棄とは，上訴の提起期間満了前に，上訴する権利を放棄することですが，死刑，無期懲役及び無期禁錮のような重大な刑に処せられた判決に対しては上訴を放棄することはできません。

なお，上訴を放棄した者は，上訴の提起期間内であっても更に上訴を提起することはできません。

### 4　上訴の取下げ

上訴の取下げは，上訴審の判決があるまですることができます。

なお，上訴を取り下げた者は，上訴の提起期間内であっても更に上訴を提起することはできません。

## 第３章　控訴審の手続

### 第１節　控訴審の第１回公判期日までの手続

## 1　弁護人選任に関する手続

弁護人は審級ごとに選任しなければなりません。したがって，第一審において弁護人を選任していた場合であっても，控訴を申し立てた被告人は，控訴審でも弁護人を選任しようとする場合には，改めて裁判所に弁護人選任書を提出しなければなりません。裁判所の行う弁護人選任照会，国選弁護人選任の手続等については第一審の場合と同様です。照会書については，高等裁判所の依頼に基づいて，第一審裁判所において送付するという取扱いが実務においてされています。

## 2　通訳人の選任に関する手続

通訳人の選任については，第一審の場合と同様です。

## 3　被告人の移送

控訴審において，被告人が勾留されている事件の公判期日を指定するときは，その旨を検察官に通知しなければなりません。通知を受けた検察官は，被告人の身柄を，速やかに控訴審裁判所の所在地にある拘置所に移送します。

これは，被告人が控訴審の公判に備えて，弁護人との打合せ等の準備をしたり，自ら公判廷に出頭したりする際の便宜等のためです。

## 4　控訴趣意書の提出

控訴趣意書とは，控訴の申立てをした者が控訴審に対して自己の主張である控訴理由を簡潔に指摘した書面です。控訴趣意書は，被告人自身で書いて差し出すことも法律上はできますが，通常は，弁護人が被告人のために作成して差し出しています。

なお，控訴の申立ての理由は，控訴趣意書に記載すればよく，必ずしも控訴申立書に記載する必要はありません。

控訴審裁判所は，控訴趣意書を受け取ったときは，速やかにその謄本を相手方に送達しなければなりません。

**＊控訴理由の限定**

控訴の理由は，刑訴法に定められており，それ以外の事由を控訴理由とすることはできません。控訴の理由としては量刑不当が最も多く，事実誤認がこれに次ぎ，訴訟手続の法令違反,法令の適用の誤りもよく見られます。

**＊控訴趣意書差出最終日の指定**

裁判所は，控訴趣意書につき，期間を定めて提出を促します。その期間は，控訴趣意書差出最終日指定通知書を控訴申立人に送付することによって通知します。

## 5　答弁書の提出

答弁書は，控訴趣意書に対する相手方の意見を記載したもので，書面により控訴審裁判所に差し出すものです。

## 6　第1回公判期日の指定と被告人の召喚

控訴審においては，被告人は，裁判所が特に出頭を命じた場合以外は公判期日に出頭する義務はありません。しかし，公判期日に出頭し，自ら防御権を行使する権利は保障する必要がありますので，期日が指定されたときは，実務上，被告人に対して公判期日召喚状による召喚の手続がとられています。実際にも，被告人が出頭するケースが圧倒的に多いとされています。

**＊被告人に対する出頭命令**

裁判所は，５０万円以下の罰金又は科料に当たる事件以外の事件について，被告人の出頭がその権利の保護のため重要であると認めるときは，被告人の出頭を命ずることができます。この出頭命令があると，被告人は，公判期日に出頭する義務が課せられることになります。

## 第２節　控訴審における公判審理

### 1　概要

控訴審の公判審理は，まず第１回公判期日で，控訴を申し立てた当事者から控訴趣意書に基づく弁論がなされ，これに対する相手方の答弁があります。必要がある場合は請求又は職権により事実の取調べが実施されます。

事実の取調べが終了すると，当事者の請求により事実の取調べの結果に基づき弁論をすることができます。

弁論が終結されると，判決宣告期日が指定されて，その期日に判決が宣告されます。

**＊被告人の弁論能力の制限**

裁判所が被告人質問を採用したときには，被告人は訴訟関係人の質問に対して任意の供述はできますが，弁論をすることはできないとされています。したがって，被告人のためにする弁論は，弁護人でなければこれをすることができません。

### 2　公判期日の手続の流れ

⑴　通訳人の人定尋問と宣誓

第一審と同様の手続で行われます。

⑵　被告人の人定質問

控訴審では，人定質問は必要的なものではなく，出頭した場合でも適宜の方法で人違いでないことを調べれば足りるとされています。実務では，被告人が出頭したときは，人定質問がなされるのが通例です。なお，控訴審でも「被告人」と呼ばれることは第一審と同じです。

人定質問がされる場合は，第一審と同様に，裁判長が被告人に対し，氏名，生年月日，国籍，日本における住居及び職業を尋ねます。

**＊黙秘権の告知**

控訴審では，黙秘権の告知は必要的ではありませんが，行われることもあります。また，事実の取調べとして被告人質問をする場合に，その実施前に告知することもあります。

(3) 控訴趣意書に基づく弁論

検察官及び弁護人は，控訴趣意書に基づいて弁論しなければならないとされています。控訴趣意書に記載した事項を基礎としてそれに関連する事項を説明したりすることや，控訴趣意書の範囲内であれば，期間経過後に提出された控訴趣意補充書あるいは控訴趣意補正書等に基づく弁論をすることも許されているのが実務の取扱いです。控訴趣意書の範囲を逸脱したり，趣意書に記載のない新しい主張を付加したりすることは許されません。

被告人側が控訴を申し立てた場合に，被告人が自ら控訴趣意書を書いて提出することがありますが，被告人には弁論能力がありませんので，弁護人がその判断で被告人提出の控訴趣意書をも含めて弁論をすることになります。

控訴趣意書に基づく弁論は，弁護人と被告人との間の打合せにより被告人に控訴趣意書の内容があらかじめ伝わっている場合には，「控訴趣意書記載のとおり」として行われることがほとんどです。被告人に内容が伝わっていない場合などは，弁護人が必要に応じて控訴趣意書の内容を要約したり，自ら要旨を作成して，それに基づき述べたりします。

(4) 控訴趣意書に対する相手方の意見（答弁）

控訴の申立ての相手方は，答弁書に基づき，又は答弁書の提出がないときは口頭で，控訴申立人の控訴趣意書の内容に反論する弁論をします。

被告人控訴の場合に，事前に検察官から答弁書が提出されている場合には，「答弁書記載のとおり」として答弁することがほとんどです。答弁書が提出されていない場合には，検察官が口頭で「本件控訴は理由がないので，棄却されるべきである。」などと答弁することになります。

(5) 事実の取調べ

控訴審の審査は，控訴理由の有無の調査という形で行われますが，事実の取調べはその調査の一方法です。控訴趣意書に包含された事項についての調査は，義務的に行われますが，事実の取調べはその調査に必要な場合に制限されています。

事実の取調べとしては，第一審における証拠調べの方法にのっとり，証人尋問，検証，鑑定，被告人質問あるいは書証の取調べなどが行われることになります。

このほか，審理の過程で訴因等が変更される場合もあります。

(6) 事実の取調べの結果に基づく弁論

事実の取調べをしたときは，検察官及び弁護人は，その結果に基づいた弁論をすることができますが，任意的なものです。そして，この弁論は，事実の取調べの結果，控訴理由の存否につき意見をふえんする必要がある場合にその点に限って認められるものです。したがって，事件全般についての意見を陳述する第一審のいわゆる論告や弁論とは性質を異にします。

なお，被告人には弁論能力がないので，事実の取調べの結果に基づく弁論を認めず，その最終陳述も認めない扱いが実務の大勢です。

(7) 次回公判期日の指定・告知

**3 判決宣告期日**

判決宣告・上訴期間等の告知

（判決主文例については９８ページ，判決理由の例については１１８ページ参照）

**＊被告人の収容**

第一審判決で禁錮以上の刑の言渡しがされている場合に，控訴棄却の判決があると，保釈又は勾留の執行停止はその効力を失い，新たな保釈又は執行停止がない限り，被告人の身柄については，収容の手続がとられることになります。ただし，控訴審では直ちに収容の手続をとらないのが通例です。

# 第３編

# 法廷通訳参考例

# 第3編　法廷通訳参考例

ここでは，刑事裁判における具体的なやりとりの例を取り上げ，通訳の参考例を対訳の形で収録しています。第1編，第2編の刑事裁判手続の説明と合わせて活用してください。

## 概要目次

İçindekiler

第1章　勾留質問手続 …………………………… 56

I. Gözaltı Sırasında Dinlenme İşlemleri

第2章　公判手続 …………………………… 62

II. Duruşma İşlemleri

第3章　第一審における判決主文の例 ………… 88

III. İlk Yargılamada Verilen Karar Metin Örnekleri

第4章　控訴審における判決主文の例 ………… 98

IV. *Koso* Temyiz Yargılamasında Verilen Karar Metin Örnekleri

第5章　第一審における判決理由 ……………100

V. İlk Yargılamada Verilen Karar Sebebi

第6章　控訴審における判決理由 ……………118

VI. *Koso* Temyiz Yargılamasında Verilen Karar Sebebi

## 第1章　勾留質問手続

### 1　前置き

（裁）　私は，○○地方裁判所の裁判官です。検察官から勾留請求といって，引き続いてあなたを留置してほしいという請求がありました。そこで，これからあなたを勾留するかどうかを決めるために，あなたに対して被疑事実を告げ，それに関するあなたの陳述を聴くことにします。その前にいくつかの注意及び説明をします。

### 2　黙秘権の告知

（裁）　まず第一に，あなたには黙秘権があります。私の質問に対し，始めから終わりまで黙っていてもいいし，個々の質問に対して答えを拒むこともできます。答えないからといって，それだけで不利益な扱いを受けることはありません。

### 3　弁護人選任権の告知

（裁）　第二に，あなたは自分の費用で弁護人を選任する権利があります。弁護人を選任したいけれども，弁護人の心当たりがないという場合には，弁護士会を通じて選任する方法があります。そのような申出があれば，裁判所から弁護士会に通知しますから，希望する場合は遠慮なく言ってください。

（被疑者国選弁護対象事件の場合）

あなたが経済的な理由などで自分の費用で弁護人を選任することができないときは，裁判官に弁護人の選

I. **Gözaltı Sırasında Dinleme İşlemleri**

**1. Önsöz**

(Hâkim) Ben ________ Bölge İdare Mahkemesi hâkimiyim. Savcı tarafından sizin gözaltı durumunuzun devamına dair talepte bulunuldu. Bu nedenle talebin kabulüne karar vermeden önce, isnat edilen suçu size bildirip, tarafınızdan olay ile ilgili ifadenizi alacağız. Ondan önce size bir kaç uyarı ve açıklamada bulunacağım.

**2. Susma hakkının bildirilmesi**

(H) İlk olarak, susma hakkına sahipsiniz. Sorularıma karşın baştan sona susabilirsiniz ya da tek tek sorulara yanıt vermeyi reddedebilirsiniz. Yanıtlamadığınızdan ötürü aleyhte bir muameleye maruz kalmayacaksınız.

**3. Müdafi Tayin Hakkının Bildirilmesi**

(H) İkinci olarak, masraf kendinize ait olmak üzere müdafi tayin hakkına sahipsiniz. Müdafi tayin etmek istemenize rağmen tanıdığınız bir müdafi olmaması durumunda, baro vasıtasıyla tayin etme yolu da mevcuttur. Böyle bir talebiniz olması halinde, mahkeme tarafından baroya haber verileceğinden dolayı, çekinmeden söyleyin.

(Sanık için hükümet tarafından müdafi tayin edilebilecek olaylar kapsamında olması durumunda)

Siz, ekonomik ve benzeri nedenlerden dolayı masraflarını kendiniz ödemek üzere müdafi seçmeniz mümkün olmuyor ise, hâkimden müdafi atanmasını talep edebilirsiniz. Bu

任を請求することができます。この請求をする場合には，資力申告書を提出しなければなりません。また，資力申告書の資力の合計額が５０万円以上の場合には，あらかじめ，○○弁護士会に弁護人の選任の申出をしていなければなりません。

**4　勾留の要件の説明**

（裁）　あなたに，罪を犯したと疑うに足りる相当な理由があり，かつ，住居が不定であるか，証拠を隠滅したり逃亡したりすることを疑うに足りる相当な理由がある場合には，勾留されることになるかもしれません。

**5　勾留の期間の説明**

（裁）　勾留される期間は，原則として１０日間です。しかし，場合によっては，１０日たつ前に釈放されることもありますし，更に１０日以内の日数勾留が延長されることもあります。

**6　被疑事実の告知**

（裁）　それでは，勾留請求の理由となっている犯罪事実を読むのでよく聞いてください。その後で，これに対して言いたいことがあったら述べてください。

「被疑者は，平成○○年１０月１０日午後6時５０分ころ，○○市丸山町１番１号所在の株式会社甲百貨店（代表取締役甲野太郎）本店３階貴金属売場において，同社所有のダイヤモンド指輪１個（時価３００万円相当）を自己の背広の内側ポケットに入れて窃取したものである。」

talebi yapmanız durumunda, Varlık Beyan Belgesi teslim etmek zorundasınız. Yine, Varlık Beyan Belgesindeki mal varlıklarınızın toplam bedeli 500 000 yen veya daha fazla olması durumunda, peşinen, XX barosuna müdafi atanma başvurusunu yapmalısınız.

**4. Gözaltına Alınma Gerekçesinin İzahı**

(H) Sizin suç işlediğinize dair şüphelenmeye yeterli tatmin edici gerekçe olması durumunda, aynı zamanda ikametgâh adresinin belirsiz olması, bir delilin yok edilmesi ya da kaçmanızdan şüphelenmeye yeterli tatmin edici sebep olması durumunda, gözaltına alınabilirsiniz.

**5. Gözaltı Süresinin İzahı**

(H) Gözaltı süresi esas olarak 10 gündür. Fakat duruma göre 10 gün geçmeden önce tahliye edilebilir ya da 10 günü geçmeyecek şekilde gözaltı süreniz uzatılabilir.

**6. İsnat Edilen Suç Beyanı**

(H) Şimdi, gözaltı talebine sebep olarak ileri sürülen suçu okuyacağım, dikkatle dinleyin. Daha sonra bununla ilgili olarak ifade etmek istediğiniz bir şey olursa söyleyin.

"Sanık,10 Ekim XXXX tarihinde, akşam saat 6:50 civarında, ______-shi Maruyama-cho 1-1 adresinde bulunan A Mağazası A.Ş. (yönetim kurulu başkanı Taro KONO) merkez şubesinin 3. katında yer alan kuyum bölümünde, aynı şirkete ait olan 1 adet elmas yüzüğü (piyasa değeri 3 milyon yene bedel) ceketinin iç cebine atıp, çalmıştır."

## 7　被疑事実に対する陳述

（被）　・　事実はそのとおり間違いありません。

　　　　・　身に覚えがありません。

　　　　・　検察庁で述べたとおりです。

## 8　勾留通知先

（裁）　あなたが勾留されることになった場合には，裁判所から弁護人あてにその旨を通知します。弁護人がない場合には，国内にいるあなたの配偶者，親兄弟等のうち，あなたが指定する１人に通知します。また，弁護人もそのような家族もない場合には，雇主とか知人などのうちからあなたが指定する１人に通知します。通知先の氏名，住居，電話番号を述べてください。

（被）　日本にいる兄に連絡してください。

（裁）　住所と名前は。

（被）　名前は，Ａです。私と同じところに住んでいます。

## 9　領事機関への通報

（裁）　あなたは，○○国国民として，領事関係に関するウィーン条約第３６条第１項（ｂ）の規定により，勾留の事実を○○国領事官に通報することを要求しますか。

（被）　通報することを要求します。〈要求しません。〉

（裁）　なお，領事機関に対しては，我が国の法令に反しない限り，信書を発することができます。

## 10　読み聞け

（書）　あなたが述べたことを調書に書きましたので，それを読み上げます。間違いなければここに署名して，左

7. **İsnat Edilen Suça İlişkin İfade Verme**

(Sanık) · İddiaları aynen kabul ediyorum.

· Benim bu olaylar ile hiçbir ilgim yoktur.

· Savcılıkta ifade verdiğim gibidir.

8. **Gözaltı Durumundan Kimlere Haber Verileceği**

(H) Gözaltına alınma durumunda kalırsanız, mahkeme tarafından müdafînize bildirilecektir. Müdafînizin olmaması durumunda, yurtiçindeki eşiniz, ebeveyniniz veya kardeşlerinizden sizin belirlediğiniz birine haber verilecektir. Ne bir müdafiniz ne de ailenizden biri olmadığı takdirde ise, işvereniniz ya da tanıdıklarınızdan sizin belirlediğiniz birine haber verilecektir. Bildirmek istediğinizin ismi, ikametgâh adresi ve telefon numarasını söyleyin.

(San) Japonya'da bulunan ağabeyime söyleyiniz.

(H) Adresi ve ismi?

(San) İsmi A. Benimle aynı yerde oturuyor.

9. **Konsolosluğa Tebliğ**

(H) Siz ____________________ vatandaşı olarak, konsoloslukla ilgili olan Viyana Antlaşmasının 36. Madde 1-b fıkrası uyarınca, gözaltı durumunuzu ____________________ Konsolosuna bildirme talebinde bulunuyor musunuz?

(San) Talep ediyorum. <Talep etmiyorum.>

(H) Ayrıca, ülkemiz kanunlarına aykırı olmamak kaydıyla, konsolosluğa mektup yollayabilirsiniz.

10. **Sanığın Kayıtlı İfadesinin Okunması, İmza ve Mühür**

(Kâtip) Sizin söylediklerinizi zapta yazdım. Şimdi okuyacağım. Yanlışlık yoksa burayı imzalayıp, sol işaret parmağınız ile

人指し指で指印してください。

## 第2章　公判手続

### 1　開廷宣言

（裁）　開廷します。

### 2　通訳人の宣誓

（通）　良心に従って誠実に通訳をすることを誓います。

### 3　人定質問

（裁）　被告人は前に出てください。〈被告人は起立してください。〉

名前は何と言いますか。

生年月日はいつですか。

国籍（本籍）はどこですか。

日本国内に定まった住居はありますか。

職業は何ですか。

### 4　起訴状朗読

（裁）　それでは，これから被告人に対する○○被告事件についての審理を始めます。

起訴状は受け取っていますね。

まず，起訴状が朗読されますから，被告人は聞いていてください。

検察官，起訴状を朗読してください。

### 5　黙秘権の告知

（裁）　これから，今朗読された事実についての審理を行いますが，審理に先立ち被告人に注意しておきます。被告人には黙秘権があります。したがって，被告人は答

mühür basınız.

**II. Duruşma İşlemleri**

**1. Duruşma Açılış İlanı**

(Hâkim) Duruşmaya başlandı.

**2. Tercümanın Yemini**

(Tercüman) Namusum ve şerefim üzerine doğru çevireceğime yemin ederim.

**3. Kimlik Tespiti**

(H) Sanık öne çıksın lütfen. <Sanık ayağa kalksın lütfen.>

İsminiz nedir?

Doğum tarihinizi söyleyiniz.

Uyruğunuz (Nüfusa kayıtlı olduğunuz yer) nedir?

Japonya'da sabit bir ikametgâh adresiniz var mı?

Mesleğiniz nedir?

**4. İddianamenin Okunması**

(H) Sanık hakkındaki ______________ davasına ilişkin yargılamayı açıyorum.

İddianameyi aldınız, değil mi?

Önce, iddianame okunacaktır. Lütfen sanık dikkatle dinlesin.

Sayın savcı, iddianameyi okuyunuz.

**5. Susma Hakkının Bildirilmesi**

(H) Şimdi okunan olaylara ilişkin yargılama yapılacaktır, fakat yargılamaya başlamadan önce sanığı uyarırım. Sanık susma hakkına sahiptir. Dolayısıyla, sanık

えたくない質問に対しては答えを拒むことができますし，また，始めから終わりまで黙っていることもできます。もちろん質問に対して答えたいときには答えてよいですが，被告人がこの法廷で述べたことは，被告人に有利，不利を問わず証拠として用いられることがありますから，そのことを念頭に置いて答えるようにしてください。

**6　被告事件に対する陳述**

(裁)　検察官が今読んだ事実について何か述べることはありますか。

(被)・　事実はそのとおり間違いありません。

・　事実は身に覚えがありません。

・　酒を飲んでいたので，よく覚えていません。

・　物を取ったのは確かですが，人は殺していません。

・　被害者を刺したのは確かですが，殺すつもりはありませんでした。

**7　弁護人の意見**

(弁)・　被告人の陳述のとおりです。

・　被告人には，窃盗の故意がないので，無罪を主張します。

・　被告人には，窃盗の実行の着手がありませんので，無罪を主張します。

・　被告人の行為は正当防衛に当たるので，無罪を主張します。

cevap vermek istemediği sorulara karşı yanıtlamayı reddedebilir, ayrıca baştan sona kadar susma hakkına da sahiptir. Tabii ki sorulara cevap vermek istediğinde yanıtlayabilirsiniz, fakat mahkemede verilen ifade, sanığın lehine veya aleyhine delil olarak kullanılabilir. Bu nedenle, bunu göz önünde bulundurarak cevap veriniz.

**6. Sanığın İddia ile İlgili İfadesi**

(H) Şimdi savcı tarafından okunan olaylara ilişkin bir söyleyeceğiniz var mı?

(San)
- İddia edilen olayları aynen kabul ediyorum.
- Söz konusu olaylarla hiçbir ilgim yoktur.
- İçkili olduğumdan ötürü iyi hatırlamıyorum.
- Hırsızlık yaptığım doğrudur ama cinayet işlemedim.
- Maktulü bıçakladığım doğrudur ama öldürmeye kastım yoktu.

**7. Müdafiin Görüşü**

(Müdafi)
- Sanığın ifadesine katılıyorum.
- Sanık, hırsızlığa kastı olmadığından ötürü suçsuzdur.
- Sanık, hırsızlık fiiline girişimi olmadığından ötürü suçsuzdur.
- Sanığın hareketi meşru müdafaa olduğundan dolayı suçsuzdur.

### 8　検察官の冒頭陳述

（裁）　それでは検察官，冒頭陳述を行ってください。

検察官が証拠によって証明しようとする事実を述べますので，被告人は聞いていてください。

（検）　検察官が証拠により証明しようとする事実は次のとおりであります。被告人は・・・。

### 9　弁護人の冒頭陳述

（公判前整理手続が実施された場合で，弁護側の主張があるときには必ず行われるが，同手続が実施されなかった場合に行われることは少ない。）

（裁）　続いて，弁護人の冒頭陳述をどうぞ。

（弁）　それでは，弁護人の冒頭陳述を申し上げます。被告人は，本件犯行を行っておらず，無罪です。すなわち・・・・。

### 10　公判前整理手続の結果顕出

（公判前整理手続が実施された場合）

（裁）　次に，公判前整理手続の結果を明らかにする手続を行います。この公判に先立ち，裁判所，検察官，弁護人の3者によって行われた公判前整理手続の結果，本件における主たる争点は，次の2点であることが明らかになっています。まず第1点は・・・・。

### 11　証拠調べ請求

（検）　以上の事実を立証するため，証拠等関係カード（甲）（乙）記載の各証拠の取調べを請求します。

### 12　証拠（書証・証拠物）請求に対する意見

**8. Savcının Açılış Beyanatı**

(H) Sayın savcı, açılış beyanatınızı yapınız.
Savcı delillere dayanarak ispata çalışacağı olayları söyleyeceğinden dolayı, sanık dikkatle dinlesin lütfen.

(S) Delillere dayanarak ispata çalışacağımız söz konusu olaylar şunlardır. Sanık…

**9. Müdafînin Açılış Beyanatı**

(Dava Öncesi Düzenleme İşlemleri yapıldığı durumda, müdafînin talebi olduğu zaman mutlaka uygulanır ama, söz konusu işlem yapılmadığı durumda uygulanması nadirdir.)

(H) Devamında, sayın müdafî, buyurun açılış beyanatınızı yapınız.

(Müdafî) Şimdi, açılış beyanatımı sunacağım. Sanık söz konusu olayları yapmamış olduğundan suçsuzdur. Şöyle ki...

**10. Duruşma Öncesi Düzenleme İşlemleri Sonuçlarının Sunumu**

(Duruşma Öncesi Düzenleme İşlemleri yapıldığı durumda.)

(H) Devamında, Duruşma Öncesi Düzenleme İşlemleri sonuçlarının açıklanması yapılacaktır. Bu duruşmadan önce, mahkeme, savcı ve müdafîden oluşan 3 kişi tarafından gerçekleştirilen Duruşma Öncesi Düzenleme İşlemi sonucunda, söz konusu davada başlıca sorunların, sonraki 2 konuda olduğu ortaya konmuştur. Önce, ilk konu…

**11. Delillerin Tetkik Talebi**

(S) Bahsi geçen iddiaları ispat için, deliller vs. İle ilgili kartlarda (A), (B) ile belirtilen her iki delilin tetkik edilmesini talep ederim.

**12. Delillerin (Yazılı ve Maddi) Talebine İstinaden Müdafînin Görüşü**

（裁）　弁護人，御意見はいかがですか。

（弁）　・　すべて同意します。

・　甲３号証と甲４号証の目撃者Aの検察官と司法警察員に対する供述調書については不同意です。その余の各証拠は同意します。

・　証拠物については異議ありません。

・　乙３号証の被告人の司法警察員に対する供述調書は，取調べ警察官の脅迫により録取されたものであり，任意性を争います。

・　乙５号証の被告人の司法警察員に対する供述調書は，供述録取に際し，共犯者をかばって供述したものであるので，その調書には信用性がありません。

・　乙９号証の被告人の検察官に対する供述調書は，検討中のため意見を留保します。

**13　書証の要旨の告知・証拠物の展示**

（裁）　それでは，同意のあった各証拠は採用し，取り調べることにします。検察官，書証の要旨を告知し，証拠物を示してください。

検察官が書証の要旨を告げますので，被告人は聞いていてください。

（検）　・　甲１号証は，司法警察員作成の捜査報告書です。被告人の出入国状況を示したもので，「被告人は，平成○○年１０月１４日，Y国から，短期在留資格（９０日）の条件で来日した。在留資格は，平

(H) Sayın Müdafi, görüşünüz nedir?

(M)
- Hepsini kabul ediyoruz.
- A-3 ve A-4 sayılı delillerin görgü tanığı A.'nın savcı ile adli polis memuruna vermiş olduğu ifade zaptı hakkında mutabık değiliz. Bunların dışındaki diğer delilleri ise kabul ediyoruz.
- Maddi delillere ilişkin itirazımız yoktur.
- B-3 sayılı delil olan sanığın adli polis memuruna vermiş olduğu ifade zaptı, soruşturma polisinin tehdidiyle kayda geçirilmiş zabıt olduğundan dolayı, hür iradeyle verilmiş bir ifade olup olmadığı konusunda şüpheliyiz.
- B-5 sayılı delil olan sanığın adli polis memuruna vermiş olduğu ifade zaptı, kayıt sırasında, sanığın suç ortağını koruyarak verdiği ifade zaptı olduğundan dolayı, bahsi geçen bu zaptın güvenilirliği yoktur.
- B-9 sayılı delil olan sanığın savcıya vermiş olduğu ifade zaptı, halen araştırma aşamasında olduğundan dolayı fikir beyanımızı sonraya bırakmak istiyoruz.

**13. Yazılı Delillerin Özet Beyanı ve Maddi Delillerin İkamesi**

(H) Şimdi kabul olunan her delili incelemeye alacağım. Sayın savcı, yazılı delillerin özetini beyan edip, maddi delilleri gösteriniz.

Savcı yazılı delillerin özetini beyan edecektir. Sanık, dikkatle dinlesin lütfen.

(S)
- A-1 sayılı delil, sayılı delil, adli polis tarafından yazılan soruşturma raporudur. Bu, sanığın ülkeye giriş çıkış durumunu açıklayan ve "Sanık,14 Ekim XXXX tarihinde, Y ülkesinden kısa süreli ikamet statüsü (90gün) ile Japonya'ya gelmiş, ikamet statüsünün 12 Ocak

成○○年1月12日までとなっているが，在留期間の更新は受けていない。」という内容です。

・　甲2号証は，被告人の婚約者甲野花子の司法警察員に対する供述調書です。内容は被告人の生活状況です。

・　乙1号証は，被告人の司法警察員に対する供述調書です。

　被告人の身上，経歴等を述べたものです。

・　乙2号証，乙3号証は，被告人の司法警察員に対する供述調書であり，乙4号証は，被告人の検察官に対する供述調書です。

　乙2号証から乙4号証は，いずれも被告人が本件の犯行状況について述べたものですので，乙4号証でまとめて要旨を告げます。

　「私は，日本で働いてお金を稼ぐために，平成○○年10月14日，Y国から，日本に来ました。日本では，最初に鈴木建設という会社で働き，次に田中土建という会社で働きました。在留期間が平成○○年1月12日までということは分かっていましたが，お金を稼ぎたいのでそのまま日本にいました。」

・　乙5号証は，被告人の身上関係についての捜査報告書です。

## 14　証人申請

（裁）　検察官，不同意とされた証拠についてはどうされま

XXXX tarihine kadar geçerli olmasına rağmen, ikamet süresini yeniletmemiştir." konusunu içeren soruşturma raporudur.

- A-2 sayılı delil, sanığın nişanlısı olan Hanako KONO 'nun adli polise vermiş olduğu ifade zaptıdır. İçeriği, sanığın yaşam durumudur.
- B-1 sayılı delil, sanığın adli polise vermiş olduğu ifade zaptıdır.

Sanığın aile geçmişi, öz geçmişi vs.'yi gösteren ifadedir.

- B-2 ve B-3 sayılı deliller, sanığın adli polise vermiş olduğu ifade zaptı olup, B-4 sayılı delil ise sanığın savcıya vermiş olduğu ifade zaptıdır.

B-2, B-3 ve B-4 sayılı her bir delil, sanığın bu davanın suç durumu ile ilgili olarak verdiği ifade olduğu için, bunları B-4 sayılı delilde düzenleyip özetini beyan ederim.

"Ben, 14 Ekim XXXX tarihinde, Japonya'da çalışıp para kazanma amacı ile, Y ülkesinden Japonya'ya geldim. Japonya'da önce Suzuki Yapı isimli şirkette, ondan sonra Tanaka İnşaat isimli şirkette çalıştım. İkamet süremin 12 Ocak XXXX tarihine kadar geçerli olduğunu biliyordum, fakat para kazanmak istediğim için Japonya'da kalmaya devam ettim."

- B-5 sayılı delil, sanığın aile geçmişi hakkındaki soruşturma raporudur.

**14. Tanık Talebi**

(H) Sayın Savcı, müdafiin kabul etmediği delillere ilişkin ne

すか。

（検）　撤回して，証人Aを申請します。

**15　証人申請に対する意見及び証人の採用**

（裁）　弁護人，御意見は。

（弁）　しかるべく。

（裁）　それでは，Aを証人として採用します。

**16　証人の尋問手続**

(1)　証人の宣誓

（裁）　ただいまから，あなたをこの事件の証人として尋問しますから，まずうそをつかないという宣誓をしてください。その宣誓書を朗読してください。

（証）　宣誓　良心に従って真実を述べ，何事も隠さず，偽りを述べないことを誓います。証人A。

（裁）　証人は，今宣誓したように本当のことを証言してください。もし宣誓した上で虚偽の証言をすると，偽証罪で処罰されることがあります。

証人が証言することによって証人自身又は証人の近親者が刑事訴追を受けたり，有罪の判決を受けるおそれのある事柄については，証言を拒むことができますから，その場合には申し出てください。

(2)　異議申立て及びその裁定

（検）　弁護人のただいまの発問は，誘導尋問ですから，異議を申し立てます。

（弁）　反対尋問においては，誘導尋問も許されるので，検察官の異議の申立ては，理由がないと思料いたし

diyorsunuz?

(S) Delilleri geri çekip, tanık A'yı sorgulamayı talep ediyorum.

**15. Tanık Talebine İstinaden Görüş ve Tanığın Kabulü**

(H) Sayın müdafî, görüşünüz?

(M) Uygundur efendim.

(H) Öyleyse, sayın A'yı tanık olarak kabul ediyorum.

**16. Tanığı Sorgulama İşlemi**

(1) Tanığın Yemini

(H) Şu andan itibaren sizi bu olayın tanığı olarak sorgulayacağım. Öncelikle yalan söylemeyeceğinize yemin ediniz. Yemin belgesini yüksek sesle okuyunuz.

(Tanık) Yemin. Namusum ve şerefim üzerine doğru söyleyeceğime, hiçbir şeyi saklamayacağıma ve yalan söylemeyeceğime yemin ederim. Tanık A.

(H) Şimdi yemin ettiğiniz gibi gerçekleri ifade ediniz. Eğer yemin etmenize rağmen, yalan beyanda bulunursanız, yalan tanıklık suçundan cezalandırılabilirsiniz.

Tanıklığınızdan dolayı, kendiniz veya yakınlarınızın bir cezaî ithama mahsur kalması gibi veya hüküm giyme ihtimali olduğu konular hakkında, ifade vermeyi reddedebileceğinizden ötürü, öyle bir durumda arz edin lütfen.

(2) İtiraz Başvurusu ve Hüküm

(S) İtiraz ediyorum! Müdafiin sorusu, telkine dayalı sorudur.

(M) Çapraz sorgulamada, telkine dayalı soruya izin verildiğinden dolayı savcının itirazına gerekçe olmadığı

ます。

（裁）　異議を棄却します。

⑶　証人尋問の終了

（裁）　証人尋問を終わります。証人は，お疲れさまでした。

**17　その他の手続**

⑴　弁論の併合決定

（裁）　本件に被告人に対する平成〇〇年（わ）第〇〇号強盗被告事件を併合して審理します。

⑵　訴因及び罰条等の変更

（検）　起訴状記載の訴因を「被告人は・・・・したものである。」と，罪名及び罰条を「窃盗　刑法２３５条」とそれぞれ変更の請求をします。

（弁）　検察官の請求に異議ありません。

（裁）　訴因及び罰条等の変更を許可します。

⑶　被害者特定事項の秘匿決定後，被害者の呼称の定めがされた場合

（裁）　今後の審理においては，平成〇〇年６月２０日付け起訴状記載の公訴事実第１の被害者のことを「被害者A」と，同年７月１０日付け追起訴状記載の被害者のことを「被害者B」と呼ぶこととします。

⑷　被害者参加許可決定

（検）　本日，被害者Aさんから被害者参加の申出がありました。検察官としては，相当であると考えます。

（裁）　弁護人の御意見はいかがですか。

kanısındayım.

(H) İtiraz reddedildi.

(3) Tanık Sorgusunun Sona Ermesi

(H) Tanığın sorgusu sona ermiştir. Teşekkür ederiz.

**17. Diğer İşlemler**

(1) Davaların birleştirilmesi kararı

(H) Bu dava, sanığa ilişkin XXXX (WA) _______ sayılı soygun davasıyla birleştirilerek yargılama yapılacaktır.

(2) Sebep ve iddialar ile ceza maddeleri vb. 'de değişiklik

(S) İddianamede belirtilen sebebin, "Sanık, ............. yapmıştır." olarak, suç ismi ve ceza maddesinin "Hırsızlık. Ceza Kanunu madde 235" olarak her birinin değiştirilmesini talep ederim.

(M) Savcını talebine itirazım yoktur.

(H) Sebep ve iddialar ile ceza maddesi vb.'nin değiştirilmesine müsade edildi.

(3) Mağdurun kimlik bilgilerinin gizli tutulması kararından sonra, mağdurun ne şekilde adlandırılacağı kararlaştırıldığı durumda

(H) Bundan sonra yargılama içerisinde, 20 Haziran XXXX tarihli iddianamede belirtilen, söz konusu suçu oluşturan olaylar madde 1 içinde yazılı mağduru "Mağdur A" ile aynı yılın 10 Temmuz tarihli ek iddianamede belirtilen mağduru "Mağdur B" olarak adlandıracağım.

(4) Mağdurun Yargılamaya Katılımına İzin Kararı

(S) Bugün, Mağdur A tarafından Mağdur Katılım talebi oldu. Savcı olarak uygun olduğu kanısındayım.

(H) Sayın müdafi, görüşünüz nedir?

（弁）　しかるべく。

（裁）　申出人の本件被告事件の手続への参加を許可します。

(5)　被害者等の被害に関する心情その他の被告事件に関する意見陳述

（被害者等からの申出がある場合）

（裁）　被害者の方からの心情その他の意見陳述を行います。では，被害者の方は証言台に進んで，その意見を陳述してください。

（害）　・　私は，被告人に殴られて，半年も入院しました。その間，身体の自由が利かず，仕事もできず，とてもつらい思いをしました。

・　被告人のことは，絶対に許せません。

(6)　即決裁判手続

ア　被告事件に対する有罪の陳述

（起訴状朗読及び黙秘権の告知後）

（裁）　検察官が今読んだ事実について何か述べることはありますか。

（被）　間違いありません。

（裁）　事実は間違いないということですが，この事実について，有罪であるとして処罰されても構わないということですか。

（被）　はい。

イ　弁護人の意見

（裁）　弁護人の御意見は。

(M) Uygundur efendim.

(H) Talep sahibinin bu cezaî dava işlemlerine katılımına izin veriyorum.

(5) Mağdur vb. kişilerin zarar ile ilgili düşünceleri, iddia ile ilgili diğer görüşlerini beyanı

(Mağdur tarafından talep olması durumunda)

(H) Mağdur kişi düşünceleri ve diğer görüşlerini beyan edecektir. Şimdi, mağdur kişi, lütfen tanık kürsüne ilerleyerek, görüşlerinizi beyan ediniz.

(Mağ) ・Ben, sanık tarafından dövülerek, 6 ay hastanede yatarak tedavi gördüm.

Bu süre içinde, bedenimi istediğim gibi hareket ettirmem ve çalışmam mümkün olmadığı için çok zor zamanlar geçirdim.

・Sanığı asla affetmeyeceğim.

(6) Hızlandırılmış Duruşma Prosedürü

A. Cezaî dava ile ilgili suçun duyurulması

(İddianamenin okunması ve susma hakkının duyurulmasından sonra)

(H) Savcının şimdi okuduğu olaylara ilişkin bir söyleyeceğiniz var mı?

(San) İddiaları aynen kabul ediyorum.

(H) Siz, iddiaları aynen kabul ettiniz fakat bu iddialar ile ilgili, suçlu kabul edilerek cezalandırılmayı kabul mü ediyorsunuz?

(San) Evet.

B. Müdafiin görüşü

(H) Sayın müdafi, görüşünüz nedir?

（弁） 被告人の陳述と同様です。

ウ 即決裁判手続によって審判する旨の決定

（裁） 本件については，検察官から即決裁判手続の申立てがされています。被告人，弁護人は即決裁判手続によることについて同意しており，被告人は有罪である旨の陳述をしていますので，本件を即決裁判手続によって審判することとします。

エ 証拠調べ請求等

（裁） では，証拠調べに入ります。検察官，証拠調べ請求をお願いします。

（検） 本件公訴事実を立証するため，証拠等関係カード（甲）（乙）記載の各証拠の取調べを請求します。

（裁） 弁護人，いかがですか。

（弁） いずれも，証拠とすることに異議はありません。

**18 論告**

（裁） 検察官，御意見を伺います。

検察官がこの事件に対する意見を述べますので，被告人は聞いていてください。

（検） それでは論告いたします。

・ まず，事実についてですが，本件公訴事実は，当公判廷で取り調べられた関係各証拠によって証明十分と思料します。

・ 情状について申し上げます。本件は，被告人が，金を稼ぐ目的で，当初から不法に残留することを予定して入国し，２年余りにわたって不法に残留

(M) Sanığın beyanına katılıyorum..

C. Hızlandırılmış duruşma prosedürü ile yargılama konularının belirlenmesi

(H) Bu dava ile ilgili olarak, savcı tarafından hızlandırılmış duruşma prosedürü talep edilmiştir. Sanık ve müdafî, hızlandırılmış duruşma prosedürü konusunda aynı fikirde olup, sanık suçlu olduğu konusunda beyanda bulunduğundan, bu davayı hızlandırılmış duruşma prosedürüne göre yargılaması yapılacaktır.

D. Delillerin Tetkik Talebi vs.

(H) Şimdi, delillerin tetkikine geçiyorum. Sayın savcı, delillerin tetkiki için talebinizi yapınız.

(S) Bu davada, söz konusu suçu oluşturan olayların ispatı için, deliller vs. ile ilgili kartlarda (A) (B) ile belirtilen her delilin tetkik edilmesini talep ederim.

(H) Sayın müdafî, görüşünüz nedir?

(M) Tümünün delil olmasına itirazımız yoktur.

**18. Savcının kapanış beyanatı**

(H) Sayın savcı, görüşünüzü bildirebilirsiniz.

Sayın savcı bu olaya ilişkin görüşünü bildireceğinden dolayı, sanık dikkatle dinlesin lütfen.

(S) Yüksek müsaadenizle kapanış beyanımızı sunarız.

- Öncelikle, olaylarla ilgili olarak, söz konusu suçu oluşturan olayların, bu mahkemede tetkik edilmiş ilgili her delile istinaden yeterince ispatlandığı kanısındayız.
- Davaya sebep koşullarla ilgili olarak, bu dava, sanığın para kazanma amacıyla, baştan itibaren yasadışı kalmayı planlayarak ülkemize giriş yapmış olduğu ve 2 yıldan fazla bir süre kanuna aykırı şekilde kalmış olduğu

した事案であり，その残留期間の長さなどを考えると，被告人の刑事責任は重大であります。

・　求刑ですが，以上諸般の事情を考慮し，相当法条適用の上，被告人を，懲役1年6月に処するのを相当と思料します。

**19　被害者参加人の弁論としての意見陳述**

（事前に被害者参加人からの申出がされ，これが許可されている場合）

（裁）　では，弁論としての意見陳述をお願いします。

（参）　この事件の被害者参加人として，私の意見を述べます。

・　被告人は，何の関係もない私に対し，いきなり言い掛かりをつけ，その後，急に殴りかかってきました。

・　このため，私は1か月もの入院を余儀なくされるほどの重傷を負いました。入院中は身体の自由が利かず，本当につらい思いをしました。

・　被告人は，私にも落ち度があるなどといって謝罪すら行わず，また，慰謝料はおろか，入院費用さえも支払っていません。

・　このような被告人のことは，どうしても許せません。私は，被告人を懲役4年の刑にしてほしいと思います。

**20　弁護人の弁論**

（裁）　弁護人の御意見を伺います。

hadisesidir. Yasadışı kalma süresinin uzunluğu göz önüne alınırsa, sanığın cezaî sorumluluğu ciddi büyüklüktedir.

- Ceza talebine gelince, yukarıda belirtilen çeşitli koşulları da göz önüne alarak, uygun kanun maddeleri uyarınca, sanığın 1 yıl 6 ay angaryalı hapis cezasına çarptırılmasının uygun olduğu kanısındayız.

**19. Yargılamada Katılımcı Mağdurun Mütalâası**

(Önceden, katılımcı mağdur tarafından başvuru yapılması ve bunun kabul edilmesi durumunda)

(H) Lütfen sözlü olarak görüşlerinizi beyan ediniz.

(Katılımcı Mağdur)

Ben olayın katılımcı mağduru olarak görüşlerimi söyleyeceğim.

- Sanık, hiçbir neden olmamasına rağmen, bir anda kusur bularak, ansızın saldırdı.
- Onun saldırısı nedeni ile, ben 1 ay kadar uzun bir süre hastanede tedavimi gerektiren ağır yara aldım. Hastanede tedavi süresince, bedenimi istediğim gibi hareket ettirmem mümkün olmadığı için gerçekten zor zamanlar geçirdim.
- Sanık, benim de hatalı olduğumu söyleyip özür bile dilemeyerek, bırakın tazminatı, hastane masraflarımı dahi ödememiştir.
- Sanığı asla affedemem. Ben, onun 4 yıl angaryalı hapis cezası ile cezalandırılmasını istiyorum.

**20. Müdafiin son mütalâası**

(H) Sayın Müdafi, görüşünüzü dinliyorum.

（弁）では，被告人のため，弁論いたします。

(1)　出入国管理及び難民認定法違反（自白事件）の例

・　本件公訴事実に関しては，被告人は当公判廷においてもこれを素直に認めており，弁護人としてもこれに対し特段異議をとどめるべき点はございません。

・　被告人も当公判廷で供述したとおり，本件は弁解の余地のない違法行為であり，被告人自身，長期にわたる不法残留については十分反省し，国外に退去した後は2度と日本には来ないと供述しており，今後2度とこのような違法行為を繰り返さないことを誓っているものです。

・　被告人の残留目的は，就労であり，それ以外の不法な目的を有していたものではありません。

・　現に，来日してから逮捕されるまでの間は，まじめに稼働しており，本件以外の犯罪を犯したこともなく，前科前歴はありません。

・　被告人は今回，逮捕，勾留，起訴という厳しい処分を受け，既に相当の期間の身柄拘束処分を受けており，十分な社会的，経済的制裁を受けています。

・　以上の事情を併せ考慮されて，被告人に是非とも自力更生，再起の機会を与えていただきたく，執行猶予の寛大な判決を下されるよう，切にお願いする次第です。

(2)　窃盗（否認事件）の例

・　被告人は，指輪を買うつもりだったのであり，窃盗

(M) Yüksek müsaadenizle sanık için savunmama başlarım.

(1) Göçmen Kontrol ve Mülteci Tanıma Kanunu'na aykırı gelme (itiraf etme) örneği

- Bu dava konusu suçu oluşturan olaylar hakkında, sanık bu duruşmada iddiaları dürüstçe kabul etmekte olup, müdafîsi olarak benim de buna karşın özel bir itiraz niyetim yoktur.
- Sanığın da bu duruşmada ifade ettiği gibi, bu dava, haklı görülecek bir tarafı olmayan kanunu ihlâl fiilidir ve sanık bizzat kendisi uzun bir süre yasadışı ülkede kaldığından dolayı çok pişmanlık duymaktadır. Ülkeyi terk ettikten sonra bir daha Japonya'ya gelmeyeceğini ifade etmekte ve bir daha bunun gibi bir kanunu ihlâl fiilini tekrarlamayacağına dair yemin etmektedir.
- Sanığın yasadışı kalma sebebi, çalışma olup, onun dışında bir yasadışı amaç taşımamaktaydı.
- Japonya'ya geldikten yakalanmasına kadar geçen süre içerisinde, bilfiil, ciddi bir şekilde çalışmış, bu dava konusu olaydan başka bir suç işlememiştir. Yani sabıkası yoktur.
- Sanık, bu davada yakalanma, gözaltına alınma, takibat gibi sert muamelelere tabi tutulmuş, çoktan hatırı sayılır bir süredir nezaret halinde ve kâfi derecede sosyal ve ekonomik yaptırıma maruz kalmıştır.
- Bu şartları göz önünde bulundurarak, sanığa kendini ıslah etme ve düzelme şansının verilmesi bağlamında, ceza infazının tecili gibi müşfik bir karar vermenizi yürekten arz ederim.

(2) Hırsızlık örneği (kabul etmeme )

- Sanık, bir yüzük satın alma niyetinde idi ve hırsızlık

の故意はなく，無罪です。このことは証拠によって認められる次の事実から明らかであります。

（中略）

・　以上のことから，被告人には窃盗の故意がなく，無罪であります。

## 21　被告人の最終陳述

（裁）　これで審理を終わりますが，最後に何か言っておきたいことはありますか。

（被）　・　申し訳ないことをしたと思います。

・　私は盗むつもりはありませんでした。早く自分の国へ帰らせてください。

## 22　公判期日の告知

⑴　次回公判期日の告知

（裁）　次回公判期日は，平成○○年１１月８日午前１０時３０分と指定します。

⑵　判決言渡期日の告知

（裁）　それでは，判決は平成○○年１２月６日午後１時にこの法廷で言い渡します。

## 23　判決宣告

（裁）　被告人に対する○○被告事件の判決を言い渡します。

（判決主文の例については，第３章及び第４章参照）

理由・　当裁判所が証拠により認定した罪となるべき事実（犯罪事実）の要旨は次のとおりである。

・　そこで，所定の法条（法律）を適用して，

yapmaya kastı yoktu, bu nedenle suçsuzdur. Sanığın suçsuzluğu, delillerce onaylanan şu olgulardan da anlaşılacağı üzere ortadadır.

(atlama)

- Bütün bunlardan dolayı, sanığın hırsızlık yapmaya kastı olmamıştır, suçsuzdur.

**21. Sanığın Son İfadesi**

(H) Böylece yargılamaya son veriyorum, son olarak söyleyeceğiniz bir şey var mı?

(San)
- Yaptıklarımdan ötürü çok üzgünüm.
- Herhangi bir şey çalma niyetim yoktu. Lütfen beni hemen memleketime geri gönderin.

**22. Duruşma Tarihini İlanı**

(1) Bir sonraki duruşma tarihinin ilanı

(H) Bir sonraki duruşma, 8 Kasım XXXX, sabah saat 10:30 olarak saptanmıştır.

(2) Karar Günün İlanı

(H) Mahkeme kararı, 6 Aralık XXXX tarihi, öğleden sonra saat 1:00'de bu duruşma salonunda bildirilecektir.

**23. Mahkeme Kararının Bildirilmesi**

(H) Sanığa karşı açılan __________ davasının kararını bildiririm.

(Karar metni örnekleri: bkz. Bölüm 3 ve 4 )

Sebep:

- Bu mahkemece delillere dayanarak tasdik edilen suç teşkil eden olayların ana hatları şunlardır.
- Bu nedenle, ilgili kanun maddeleri (yasa) tatbik edilerek

主文のとおり判決する。

・　刑を定めるに当たって考慮した事情は以下のとおりである。

（判決理由の例については，第５章及び第６章参照）

## 24　執行猶予の説明

### (1)　身柄拘束中の被告人の執行猶予

（裁）　刑事裁判の手続としては，釈放されます。今後○年間のうちに日本で罪を犯さなければ，刑務所に入らなくてもよくなります。しかし，この○年間のうちに日本で罪を犯してまた刑に処せられることがあると，この執行猶予は取り消されます。そうなると，今回の懲役○年の刑を実際に受けなければならなくなります。もちろん，その場合には新たに犯した罪の刑も受けます。そういうことのないように，十分注意してください。

### (2)　既に不法残留になっている被告人の執行猶予

（裁）　なお，被告人の場合は既に在留期間が経過していますから，この判決の後間もなく，入国管理局において被告人を本国に送還する手続がなされると思います。したがって，結局，送還後○年間日本に来て犯罪を犯さなければ，今回の刑を受けることはないということになります。

## 25　未決勾留日数の説明

（裁）　被告人はこれまで相当期間勾留されていますから，

karar metninde telaffuz edildiği gibi karara varıldı.

・Cezanın kararı sırasında göz önünde bulundurulan unsurlar şunlardır.

(Karar sebebi örnekleri: bkz. Bölüm 5 ve 6)

**24. Ceza İnfazının Tecilinin İzahı**

(1) Tutukluluk halindeki sanığın ceza infazının tecili

(H) Ceza muhakemeleri usulünce tahliye edileceksiniz. Bundan sonra ____ yıl içerisinde Japonya'da bir suç işlemezseniz hapse girmeyeceksiniz. Fakat, bu ______ yıl içerisinde Japonya'da bir suç işler ve yine cezaya çarptırılırsanız ceza infazının tecili iptal edilir. Böyle bir durumda, bu davada kararlaştırılan ______ yıllık angaryalı cezayı alma durumunda kalacaksınız. O takdirde doğal olarak, yeni işlemiş olduğunuz suçun cezasını da alacaksınız. Böyle bir durumla karşılaşmamak için gerekli ehemmiyeti gösteriniz.

(2) Yasadışı yollarla ülkede epey bir süredir kalmakta olan sanığın ceza infazının tecili

(H) Sanık, kalma süresi çoktan geçmiş olduğundan ötürü, karardan hemen sonra, Göçmen Dairesi'nde sanığı memleketine geri gönderme işlemleri yapılacağı kanaatindeyim. Bundan dolayı, netice itibarıyla geri gönderildikten sonra ______ yıl içerisinde yine Japonya'ya gelip bir suç işlemezse, bu seferki cezayı almayacaktır.

**25. Cezaî Tahkikat Sırasında Tutuklulukla Geçen Gün Sayısı Hakkında Açıklama**

(H) Sanık bugüne kadar hatırı sayılır bir süre tutuklu

そのうちの○日間は既に刑の執行を受け終わったものとします。したがって，言い渡した○年○か月の刑から実際には○日間が差し引かれることになります。

### 26　保護観察の説明

（裁）　保護観察というのは，国の機関である保護観察所の保護観察官の指導監督によって，被告人が再び間違いを起こすことのないように手助けする制度です。普通は毎月１回以上保護観察所に所属する保護観察官のもとにいる保護司という人と会って，被告人の日ごろの生活について指導を受けることになります。

この判決の確定後，速やかに，保護観察所に出頭して保護観察所の説明を受けてください。保護観察所では，守らなければならない事項について指示されますが，もし，この遵守事項を守らない場合には，この刑の執行猶予を取り消されることがあります。また，再び犯罪を犯して禁錮以上の刑に処せられた場合には法律上執行猶予を付けることができないので，そのようなことのないよう十分注意してください。

### 27　上訴権の告知

（裁）　この判決に不服がある場合には，控訴〈上告〉の申立てをすることができます。その場合には，明日から１４日以内に○○高等裁判所〈最高裁判所〉あての控訴〈上告〉申立書をこの裁判所に差し出してください。

## 第３章　第一審における判決主文の例

### 1　有罪の場合

bulunduğundan dolayı, ____ gün kadarlık cezayı çekti kabul edilir. Bu nedenle bildirilen ____ yıl ____ aylık cezadan ____ günlük bölüm indirilecektir.

**26. Gözaltında Tutma Koşuluyla Salıverme Hakkında Açıklama**

(H) Gözaltında tutma koşuluyla salıverme, devletin bir kuruluşu olan Vesayet Dairesindeki vesayet memurunun denetimi altında, sanığın tekrar kabahat işlememesine yardım eden bir sistemdir. Normalde, her ay bir kereden fazla olmak kaydıyla, Vesayet Dairesi'ne mensup olan vesayet memurunun direktifinde görev yapan gönüllü memur ile sanık buluşup, güncel hayatı ile ilgili talimatlar alır.

Bu karar kesinleştikten sonra, derhal Vesayet Dairesi'ne gidip, Daire'yle ilgili bilgi alın. Vesayet Dairesi'nde, riayet edilmesi gereken hususlara ilişkin malumat verilecektir, fakat, eğer, bu hususlara riayet etmeme durumu olursa, bu cezanın infazının tecili iptal edilebilir. Ayrıca, tekrar suç işleyip angaryasız hapis cezasından daha ağır bir cezaya çarptırılma durumunda, kanun gereğince ceza infazının tecili yapılamaz, böyle bir şeye maruz kalmamak için çok dikkat edin.

**27. Temyiz Hakkının Bildirilmesi**

(H) Bu mahkeme kararım itiraz durumunda, *Koso* <*Jokoku*> temyiz başvurusu yapabilirsiniz. Böyle bir durumda, yarından itibaren 14 gün içerisinde ____ Yüksek Mahkeme'ye <Yargıtay> yönelik hazırlanan *Koso* <*Jokoku*> temyiz başvuru formunu bu mahkemeye sununuz.

## III. İlk Yargılamada Verilen Karar Metin Örnekleri

### 1. Suçlu bulunma durumunda

(1) 主刑

ア　基本型

・　被告人を懲役〈禁錮〉１年に処する。

・　被告人を罰金２０万円に処する。

・　被告人を拘留１０日に処する。

イ　少年に不定期刑を言い渡す場合

被告人を懲役1年以上2年以下に処する。

ウ　併科の場合

被告人を懲役1年及び罰金２０万円に処する。

エ　主文が2つになる場合

被告人を判示第1の罪について懲役1年に，判示第2の罪について懲役2年に処する。

(2) 未決勾留日数の算入

ア　基本型

未決勾留日数中３０日をその刑に算入する。

イ　本刑が数個ある場合

未決勾留日数中３０日を判示第1の罪の刑に算入する。

ウ　本刑が罰金・科料の場合

未決勾留日数中3０日を，その1日を金５０００円に換算して，その刑に算入する。

エ　刑期・金額の全部に算入する場合

・　未決勾留日数中，その刑期に満つるまでの分をその刑に算入する。

・　未決勾留日数中，その1日を金５０００円に換算してその罰金額に満つるまでの分を，その刑に算入

(1) Asıl ceza

A. Standart

- Sanığın 1 yıl angaryalı hapsine (*Choeki*) karar verildi. (*Kinko*- angarya yok)
- Sanığın 200,000 yen para cezasına çarptırılmasına karar verildi.
- Sanığın 10 gün tutukluluğuna karar verildi.

B. Gayrireşite süresi belirsiz ceza duyurulması durumunda

Sanığın 1 yıldan fazla 2 yıldan az angaryalı hapis cezasına çarptırılmasına karar verildi.

C. Cezaların birleştirilmesi durumunda

Sanığın 1 yıl angaryalı hapis cezası ve 200,000 yen para cezasına çarptırılmasına karar verildi..

D. İki karar olması durumunda

Sanığın, kararda belirtilen birinci suç için 1 yıl angaryalı hapis cezasına ve karar da belirtilen ikinci suç için 2 yıl angaryalı hapis cezasına çarptırılmasına karar verildi.

(2) Cezaî tahkikat sırasında tutuklulukla geçen gün sayısının hesaba katılması

A. Standart

Cezaî tahkikat sırasında tutuklulukla geçen 30 günlük süre, asıl cezaya sayılacaktır.

B. Birden fazla cezanın olması durumunda

Cezaî tahkikat sırasında tutuklulukla geçen 30 günlük süre, kararda belirtilen birinci suçun cezasına sayılacaktır.

C. Ana cezanın ağır para cezası, hafif para cezası olması durumunda

Cezaî tahkikat sırasında tutuklulukla geçen 30 gün,1 gün 5,000 yen olmak üzere hesaplanıp, asıl para cezasına sayılacaktır.

D. Hapis süresi, para miktarının hepsine sayma durumunda

- Cezaî tahkikat sırasında tutuklulukla geçen gün sayısının ceza süresini dolduracak kadarki bölümü asıl cezaya sayılacaktır.
- Cezaî tahkikat sırasında tutuklulukla geçen gün sayısının 1 gün 5,000 yen olarak hesaplanıp bu para cezasını

する。

(3)　労役場留置

ア　基本型

その罰金を完納することができないときは，金５００

０円を１日に換算した期間被告人を労役場に留置する。

イ　端数の出る場合

その罰金を完納することができないときは，金６００

０円を１日に換算した期間（端数は１日に換算する。）

被告人を労役場に留置する。

(4)　刑の執行猶予

この裁判が確定した日から３年間その刑の執行を猶予する。

(5)　保護観察

被告人をその猶予の期間中保護観察に付する。

(6)　補導処分

被告人を補導処分に付する。

(7)　没収

ア　基本型

押収してある短刀１本（平成○○年押第○○号の１）

を没収する。

イ　偽造・変造部分の没収

押収してある約束手形１通（平成○○年押第○○号の

１）の偽造部分を没収する。

ウ　裁判所が押収していない物の没収

○○地方検察庁で保管中の約束手形１通（平成○○年

tamamlayacak kadarki bölümü asıl cezaya sayılacaktır.

(3) Para cezasını ödeyemeyenleri hapishanedeki angarya yerinde tutma

A. Standart

Para cezasını tam olarak ödeyememe halinde,1 günü 5,000 yen hesaplanan süre boyunca sanık hapishanedeki angarya yerinde tutulur.

B. Para cezasında küsur olması durumunda

Para cezasını tamamen ödeyememe halinde, 1 günü 6,000 yen hesaplanan süre boyunca ( küsurlu bölüm 1 güne denk hesaplanır) sanık hapishanedeki angarya yerinde tutulur.

(4) Ceza infazının tecili

Bu yargının kesinlik kazandığı günden itibaren 3 yıl süre ile ceza infazı tecil edilmiştir.

(5) Gözaltında tutma koşuluyla salıverme

Sanık, ceza tecili süresince gözlem ve denetim altında tutulacaktır.

(6) Rehberlik tahsisi

Sanık, rehberlik tahsisine tabi tutulacaktır.

(7) Müsadere

A. Standart

Haciz edilmiş olan 1 adet kısa kılıç (XXXX yılı haciz/ XX-1 sayılı) müsadere edilmiştir.

B. Evrak üzerindeki sahtekârlık yapılan bölümün müsadere edilmesi

Haciz edilmiş olan 1 adet emre yazılı senedin (XXXX yılı haciz/ XX-1 sayılı) sahtekârlık yapılan bölümü müsadere edilmiştir.

C. Mahkemenin haciz etmediği malların müsadere edilmesi

________________ Bölge Savcılığı'nda muhafaza edilmekte olan 1 adet emre yazılı senet (XXXX yılı,

○地領第○○号の１）を没収する。

エ　犯罪被害財産の没収

○○地方検察庁で保管中の現金８００万円（平成○○年○地領第○○号の１，当該現金は犯罪被害財産）を没収する。

(8)　追徴

ア　基本型

被告人から金１０万円を追徴する。

イ　犯罪被害財産の価額の追徴

被告人から金３００万円（当該金３００万円は犯罪被害財産の価額）を追徴する。

(9)　被害者還付

ア　基本型

押収してある本１冊（平成○○年押第○○号の１）を被害者Ａに還付する。

イ　被害者不明の場合

押収してある本１冊（平成○○年押第○○号の１）を被害者（氏名不詳）に還付する。

ウ　被害者が死亡した場合

押収してある本１冊（平成○○年押第○○号の１）を被害者Ａの相続人に還付する。

(10)　仮納付

被告人に対し，仮にその罰金に相当する金額を納付すべきことを命ずる。

(11)　訴訟費用の負担

_______________ Bölge XX-1sayılı) müsadere edilmiştir.

D. Suç Geliri Varlıkların Müsaderesi

_______________ Bölge Savcılığında muhafaza altında bulunan nakit 8,000,000 yen (XXXX yılı, _______________ Bölge XX-1sayılı, söz konusu nakit suç geliri varlık) müsadere edilmiştir.

(8) Eşdeğerli Ücretin Tahsili

A. Standart

Müsadere yerine sanıktan 100,000 yen tahsil edilecektir.

B. Suç Geliri Varlıklardan Eşdeğer Ücretin Tahsili

Sanıktan, nakit 3,000,000 yen (söz konusu nakit 3,000,000 yen suç geliri varlık bedeli) tahsil edilecektir.

(9) Mağdura İade

A. Standart

Haciz edilmiş olan 1 adet kitap (XXXX yılı haciz/ XX-1 sayılı), mağdur A'ya iade edilecektir.

B. Mağdurun Bilinmediği Durumlarda

Haciz edilmiş olan 1 adet kitap (XXXX yılı haciz/ XX-1 sayılı), mağdur olana (ismi belirsiz) iade edilecektir.

C. Mağdurun sağ olmaması durumunda

Haciz edilmiş olan 1 adet kitap (XXXX yılı haciz/ XX-1 sayılı), maktul A'nın mirasçısına iade edilecektir.

(10) Geçici Ödeme

Sanığa, geçici olarak para cezasına denk bedeli ödeme emri verilmesine karar verilmiştir.

(11) Dava Masrafları Mükellefiyeti

・　訴訟費用は被告人の負担とする。

・　訴訟費用は被告人両名の連帯負担とする。

・　訴訟費用は，その2分の1ずつを各被告人の負担とする。

・　訴訟費用のうち，証人Aに支給した分は被告人の負担とする。

・　訴訟費用中通訳人○○○○に支給した分を除き，その余の分は被告人の負担とする。

⑿　刑の執行の減軽又は免除

・　その刑の執行を懲役1年に減軽する。

・　被告人を懲役1年に処し，その刑の執行を免除する。

⒀　刑の免除

被告人に対し刑を免除する。

**2　無罪・一部無罪の場合**

(1)　無罪

被告人は無罪。

(2)　一部無罪

本件公訴事実中詐欺の点については，被告人は無罪。

**3　その他の場合**

(1)　免訴

被告人を免訴する。

(2)　公訴棄却

本件公訴を棄却する。

(3)　管轄違い

本件は管轄違い。

· Dava masraflarından sanık sorumlu tutulmuştur.

· Dava masraflarından her iki sanık da müşterek sorumlu tutulmuştur.

· Dava masraflarından her sanık yarı yarıya sorumlu tutulmuştur.

· Dava masraflarından tanık A'ya tedarik edilen bölümden sanık sorumlu tutulmuştur.

· Dava masraflarından tercüman A'ya tedarik edilen bölüm hanemdeki kalan miktardan sanık sorumlu tutulmuştur.

(12) Ceza infazının hafifleştirilmesi veya affı

· Ceza infazı,1 yıl angaryalı hapis cezasına indirilmiştir.

· Sanık, 1 yıl angaryalı hapis cezasına çarptırılmış, bu cezanın infazı affedilmiştir.

(13) Cezanın affı

Sanığın cezası affedilmiştir.

**2. Suçsuzluk veya Kısmî Suçsuzluk Durumunda**

(1) Suçsuz

Sanık suçsuzdur.

(2) Kısmî suçsuz

Bu dava konusu suçu oluşturan olgular içindeki sahtecilik konusunda, sanık suçsuzdur.

**3. Diğer Durumlarda**

(1) Harici sebeplerden davanın düşmesi

Davanın düşmesine sanığın salıverilmesine karar verilmiştir.

(2) Davanın reddi

Davanın reddine karar verilmiştir.

(3) Yargı selahiyetsizliği

Bu dava bu mahkemenin yargı yetkisi içinde değildir.

## 第4章　控訴審における判決主文の例

### 1　控訴棄却・破棄

(1)　控訴棄却

・　本件控訴を棄却する。

・　本件各控訴を棄却する。

・　本件控訴中被告人○○に関する部分を棄却する。

(2)　破棄自判

・　原判決を破棄する。被告人を懲役○年○月に処する。

・　原判決中有罪部分を破棄する。被告人は無罪。

・　被告人らに対する各原判決を破棄する。被告人Aを懲役1年に，被告人Bを懲役6月にそれぞれ処する。

・　原判決中被告人○○に関する部分を破棄する。被告人○○を懲役3年に処する。

(3)　破棄差戻し

原判決を破棄する。本件を○○地方裁判所に差し戻す。

(4)　破棄移送

原判決を破棄する。本件を○○地方裁判所に移送する。

### 2　未決勾留日数の算入

・　当審における未決勾留日数中○○日を原判決の刑に算入する。

・　原審における未決勾留日数中○○日をその刑に算入する。

### 3　訴訟費用の負担

・　当審における訴訟費用中通訳人○○○○に支給した分を除き，その余の分は被告人の負担とする。

## IV. *Koso* Temyiz Yargılamasında Verilen Karar Metin Örnekleri

### 1. *Koso* Temyizinin Reddi veya Feshi

(1) *Koso* temyizinin reddi

- *Koso* temyizi reddedildi.
- Bu davadaki her *Koso* temyizi reddedildi.
- *Koso* temyizindeki sanığın ___________ ile ilgili kısmı reddedildi.

(2) Üst mahkemenin önceki hükmü feshedip bizzat kendi karar vermesi

- Önceki hüküm feshedildi. Sanığın, ____ yıl ____ ay angaryalı hapis cezasına çarptırılmasına karar verildi.
- Önceki hükümde yer alan suçlu bulunma bölümü feshedildi. Sanık suçsuzdur.
- Sanıklara verilen önceki her hüküm feshedildi. Sanık A'nın angaryalı 1yıl ve Sanık B'nin 6 ay olmak üzere ayrı ayrı hapis cezalarına çarptırılmalarına karar verildi.
- Önceki hükümdeki sanığın ____ ile ilgili bölüm feshedildi. Sanık ___________'nın 3 yıl angaryalı hapis cezasına çarptırılmasına karar verildi.

(3) Önceki Hükmün Feshi ve Geri Gönderilmesi

Önceki hüküm feshedildi. Bu davanın ____________ Bölge İdare Mahkemesine geri gönderilmesine karar verildi.

(4) Önceki Hükmün Feshi ve Başka Bir Mahkemeye Nakli

Önceki hüküm feshedildi. Bu davanın ___________ Bölge İdare Mahkemesine nakline karar verildi.

### 2. Cezaî Takibat Sırasında Tutuklulukla Geçen Günlerin Hesaba Katılması

- Bu yargılamada cezaî takibat sırasında tutuklulukla geçen günlerden ____ günün, önceki hükmün cezasına sayılacaktır.
- Önceki yargılamada cezaî takibat sırasında tutuklulukla geçen günlerden ____ günün, o hükmün cezaya sayılacaktır.

### 3. Dava Masrafları Mükellefiyeti

- Bu yargılamaya ait masraflardan tercüman A'ya tedarik edilen bölüm haricindeki kalan miktardan sanık sorumlu tutulmuştur.

・　原審における訴訟費用中証人〇〇〇〇に支給した分は，被告人の負担とする。

## 第5章　第一審における判決理由

### 1　罪となるべき事実

(1)　不正作出支払用カード電磁的記録供用罪及び窃盗罪の例

「被告人は，A名義のキャッシュカードを構成する人の財産上の事務処理の用に供する電磁的記録を不正に作出して構成されたB名義のキャッシュカードの外観を有する不正電磁的記録カード1枚を使用して，金員を窃取しようと企て，平成〇〇年6月12日午前11時30分ころ，東京都杉並区西荻窪4丁目2番5号所在のC銀行西荻窪支店において，前後2回にわたり，人の財産上の事務処理を誤らせる目的で，上記カードを同所設置の現金自動預払機に挿入させて同カードの電磁的記録を読み取らせて同機を作動させ，同カードの電磁的記録を人の財産上の事務処理の用に供するとともに，同機からC銀行西荻窪支店長管理に係る現金50万円を引き出して窃取したものである。」

(2)　覚せい剤取締法違反罪の例

「被告人は，法定の除外事由がないのに，平成〇〇年4月5日午後6時30分ころ，山中市山田町3番6号の被告人方において，覚せい剤であるフェニルメチルアミノプロパン約0．04グラムを含有する水溶液0．25ミリリットルを自己の左腕に注射し，もって，覚せい剤を使用したものである。」

(3)　大麻取締法違反罪の例

・Önceki yargılamaya ait masraflardan tanık ________'ya tedarik edilen bölümden sanık sorumlu tutulmuştur.

**V. İlk Yargılamada Verilen Karar Sebebi**

**1. Suç teşkil eden olaylar**

(1) Gayrimeşru üretilmiş ödeme amaçlı kart elektromanyetik kayıtlarını kullanabilecek duruma getirme suçu ve hırsızlık suçu

Sanık, A ismine düzenlenmiş kredi kartını düzenleten kişinin mal varlığı üzerinden işlem görecek elektromanyetik kayıtları gayrimeşru üreterek düzenlenmiş B ismine kredi kartının dış görünüşündeki gayrimeşru elektromanyetik kart 1 adeti kullanarak, nakit çalma amacıyla plan yapmış, 12 Haziran XXXX öğleden önce saat 11:30 civarında, 4-2-5 Nishi-Ogikubo, Suginami-ku, Tokyo adresinde bulunan C Bankası Nishi-Ogikubo Şubesinde, yaklaşık iki kere olmak üzere, kişinin mal varlıkları üzerinden işlemlerini yanıltmak amacı ile, yukarıda bahsedilen kartı aynı yerde yerleştirilmiş olan Otomatik Vezne Makinasına sokmuş, aynı kartın elektromanyetik kayıtların okutarak, aynı makinayı çalıştırmış, aynı kartı kişinin mal varlığı üzerinden işlem görecek şekilde yapmakla beraber, aynı makinadan C Bankası Nishi-Ogikubo Şubesi tasarrufu altında bulunan nakit 500,000 yen nakit para çekerek hırsızlık yapmıştır.

(2) Uyarıcı İlâç Kontrol Kanunu'nu ihlâl suçu örneği

Sanık, 5 Nisan XXXX tarihi, akşam saat 6:30 civarında, Yamanaka-shi Yamada-cho 3-6'da, sanıka kanunda istisnaî bir muamele olmamasına rağmen, uyarıcı madde olan yaklaşık 0.04 gram fenil-metil-amino-propan'ı içeren 0.25 mililitre eriyik maddeyi sol koluna enjekte etmiş, dolayısıyla uyarıcı madde kullanmış olmuştur.

(3) Esrar Kontrol Kanunu'nu ihlâl suçu örneği

「被告人は，みだりに，大麻を輸入しようと企て，大麻草７０．９４グラム（種子を含む）を自己の着用する両足靴下底にそれぞれ隠匿携帯した上，○○○○年５月３日（現地時間），Ａ国○○国際空港から○○航空０１７便の航空機に搭乗し，平成○○年５月４日午後零時３０分ころ千葉県成田市所在の成田国際空港に到着し，大麻を身につけたまま同航空機から本邦に上陸し，もって，本邦内に大麻を輸入したものである。」

(4) 麻薬及び向精神薬取締法違反罪の例

「被告人は，みだりに，平成○○年６月１０日午後６時ころ，東京都千代田区田中町３番１号の被告人方洋服ダンス内に麻薬である塩酸ジアセチルモルヒネの粉末約１０グラムを所持したものである。」

(5) 売春防止法違反罪の例

「被告人は，売春をする目的で，平成○○年１０月８日午後１１時２０分ころから同日午後１１時４５分ころまでの間，横浜市港北区新横浜２丁目５番１０号喫茶店「かおり」横付近から同区同町２丁目２番４号葵銀行新横浜支店前に至る間の路上をうろつき，あるいは立ち止まるなどし，もって，公衆の目にふれるような方法で客待ちをしたものである。」

(6) 強盗致死罪の例

「被告人は，遊興費欲しさとうっ憤晴らしのために，適当な相手を見つけて袋だたきにして所持金等を強取しようと考え，Ａ，Ｂと共謀の上，平成○○年１２月３日午前３

Yasadışı yollarla esrar ithal etmeyi planlamış olan sanık 70.94 gram esrar otunu (tohumlar dâhil) giydiği çorapların içine saklayıp taşıyarak, 3 Mayıs XXXX tarihinde (yerel saat), A ülkesindeki XX Uluslararası Havaalanı'ndan havalanan XX Havayolları 017 sefer sayılı uçağa binmiş, 4 Mayıs XXXX tarihi, öğlen saat 12:30 civarında Chiba-ken Narita-shi'deki Yeni Tokyo Uluslararası Havaalanı'na varmış, esrarı üstünde taşıyarak aynı uçakla ülkemize inmiş, dolayısıyla ülkemize esrar ithal etmiş olmuştur.

(4) Uyuşturucu Maddeler ve Ruhsal Duruma Etki Eden İlaçları Kontrol Kanunu'nu ihlâl suçu örneği

Sanık, kanuna aykırı olarak, 10 Haziran XXXX tarihi, akşam saat 6:00 civarında, Tokyo Chiyoda-ku Tanaka-cho 3-1 adresindeki sanığın elbise dolabı içinde uyuşturucu madde olan toz halde hidroklorik asit diasetilmorfin yaklaşık 10 gram bulundurmaktaydı.

(5) Fuhuşiyatı Önleme Kanunumu İhlâl Suçu Örneği

Sanık, fuhuş amacıyla 8 Ekim XXXX tarihi, gece saat 11:20 civarı ile aynı gün gece saat 11:45 civarı arasında, Yokohama-shi Kohoku-ku Shin-Yokohama 2-5-10 adresinde bulunan 'Kaori' isimli kafeterya yakınından aynı mahalledeki 2-2-4 adresinde bulunan Aoi Bankası Shin-Yokohama Şubesi'nin önüne kadarki arada dolaşarak, veya durarak, umumun gözüne çarpacak bir şekilde müşteri beklemekteydi.

(6) Ölümle Sonuçlanan Soygun Suçu Örneği

Sanık, eğlence parası isteği ve birikmiş öfkesini boşaltmak amacıyla, önüne gelen herhangi birini yaka paça döverek taşıdığı para vb. şeyleri gasp etmeyi düşünmüş, A ve B ile bu konuda anlaşmış, 3 Aralık XXXX tarihi, sabah saat

時１０分ころ，さいたま市大宮区高鼻町１４番１号付近の路上において，たまたま通りかかったＣ（当時２０歳）に対し，被告人，Ａ，Ｂにおいてこもごも，その顔面，頭部，腹部等を多数回にわたってこぶしで殴り，力一杯蹴り付けるなどの暴行を加えた上，Ａにおいて，抵抗できなくなったＣからその所有する現金３万２０００円くらいが入った財布１個を奪い取ったが，その際前記各暴行によって，Ｃに対し左側急性硬膜下血腫，脳挫傷，外傷性くも膜下血腫の傷害を負わせ，同月１３日午後４時１２分ころ，さいたま市大宮区盆栽町２丁目３番２号大宮病院において，それらの傷害により同人を死亡させたものである。」

(7)　自動車運転過失傷害罪の例

「被告人は，平成○○年９月１２日午前９時３０分ころ，普通乗用自動車を運転し，東京都武蔵野市吉祥寺東町３１番地付近道路先の左方に湾曲した道路を荻窪方面から三鷹方面に向かい時速約５０キロメートルで進行していた。こういった場合，自動車運転者としては前方を注視し，ハンドル操作を正しく行って進路を適正に保って進行すべき自動車運転上の注意義務がある。しかしながら，被告人は足元に落とした地図を拾うのに気を奪われたためこの注意義務に違反して，前方注視を欠き，ハンドルから一瞬手を離したまま，時速約５０キロメートルで進行するという過失を犯した。このため，車は対向車線に進入して，対面進行してきたＡ運転の大型貨物自動車の右側面に衝突した上，その衝撃で更に前方に進出して，Ａ運転車両の後方から進

3:10 civarında, Saitama-shi Omiya-ku Takahana-cho 14-1 adresi yakınlarında, sanık, A ve B, tam o sırada yoldan geçmekte olan C'nin (olay zamanı 20 yaşında) ardı ardına yüz, baş, karın bölgesini vs. defalarca yumruklayarak ve tüm güçleriyle tekmeleyerek saldırmış, sonra A, karşı gelemez hale gelen C'nin üzerindeki yaklaşık 32,000 yen nakit para olan 1 adet cüzdanı gasp etmiştir. Sanık, A ve B, bahsi geçen saldırılar sonucu C'nin, sol dura mater altında akut kan birikimi, beyin travması nedeniyle oluşan beyin dokusunda ezik ve beyin zarı arachnoid dokusu altında travmatik kan birikimi yaralarını almasına neden olmuş ve aynı ayın 13'ü, öğleden sonra saat 4:12 civarında, Saitama-shi Omiya-ku Bonsai-cho 2-3-2 adresinde bulunan Omiya Hastanesi'nde ölümüne sebep olmuştur.

(7) Motorlu Taşıt Kullanımında İhmal Nedeni ile Bedenî Zarar Verme Suçu Örneği

Sanık, 12 Eylül XXXX tarihi, sabah saat 9:30 civarında, binek tipli taşıtı kullanarak Tokyo Musashino-shi Kichijoji Higashi-machi 31 adresi yakınlarındaki sola kıvrılan yolda Ogikubo istikametinden Mitaka istikametine yönelmiş, saatte 50 km hızla seyrediyordu. Böyle bir durumda taşıt sürücüsünün, önüne dikkatle bakarak direksiyona hakim bir şekilde yol istikametini koruyup ilerlemesini gerektiren motorlu taşıt kullanımı hakkında dikkat sorumluluğu vardır. Fakat sanık, yere düşürdüğü haritayı almaya çalıştığından dikkatini kaybettiği için dikkat sorumluluğu unsuruna aykırı gelmiş, önüne dikkatli bakmamış ve direksiyondan bir an elini ayırdığı halde saatte 50 km hızla ilerleme gibi bir ihmalde bulunmuştur. Bu yüzden, taşıt karşı şeride geçip, karşıdan gelen A'nın yönetimindeki tırın sağ

行してきたB（当時５５歳）運転の普通貨物自動車の右前部に衝突した。その結果，Bに加療約２００日間を要する右股関節脱臼骨折の傷害を負わせたものである。」

(8)　傷害罪の例

「被告人は，平成○○年９月２日午後1時５分ころ，横浜市港南区日野南３丁目６番１７号先路上で，通行中のA（当時６２歳）に「おまえ，どこを歩いとるんじゃ。」などと因縁をつけ，こぶしでその顔を２回殴って転倒させ，その上に馬乗りになって更にその顔をこぶしで数回殴った。この暴行により，Aに約５日間の加療を要する右肘部挫滅傷，顔面挫滅傷の傷害を負わせたものである。」

(9)　詐欺罪の例

「被告人は，不正に入手した平和カード株式会社発行のA名義のクレジットカードを使用してその加盟店から商品をだまし取ろうと企て，平成○○年４月５日午前１１時１５分ころ，東京都中央区中村町３番先中村ショッピングセンター１階株式会社中村銀座店において，同店店長Bに対し，代金支払の意思及び能力がないのに，自己がクレジットカードの正当な使用権限を有するAであって，クレジットカードシステムによって代金の支払をするもののように装い，前記クレジットカードを提示してスーツ等３点の購入を申し込み，前記Bをしてその旨誤信させ，よって即時同所において，同人からスーツ等３点（価格合計７万３７００円相当）の交付を受けてこれをだまし取ったものである。」

tarafına çarpmış, üstelik bu çarpma şiddetiyle öne biraz daha ilerleyip, A'nın arkasında seyretmekte olan B'nin (kaza zamanı 55 yaşında) yönetimindeki kamyonun sağ ön tarafına çarpmıştır. Sonuç olarak sanık, B'ye, tedavi için yaklaşık 200 gün gereken, sağ kalça ekleminde çıkık ve kırığa sebep olarak bedenî zarar vermiştir.

(8) Bedenî Zarar Verme Suçu Örneği

Sanık, 2 Eylül XXXX tarihi, öğleden sonra saat 1:05 civarında, Yokohama-shi Konan-ku Hino-Minami 3-6-17 'nde yolda yürümekte olan A'ya (olay zamanı 62 yaşında) 'Aloo, nereye yürüdüğünü zannediyon lan!' şeklinde laf atarak, A'nın yüzüne 2 yumruk atıp düşürmüş, ardından üzerine binip yüzünü birkaç kez daha yumruklamıştır. Sanık, bu saldırıyla A'nın sağ dirseği ile yüzünü yaralayıp yaklaşık 5 gün tedavi gerektiren bir zarar vermiştir.

(9) Sahtekârlık Suçu Örneği

Sanık, gayrimeşru yolla elde etmiş olduğu Heiwa Kart A.Ş tarafından A adına çıkarılan kredi kartını kullanarak, kredi kartına üye mağazanın ürünlerini dolandırmayı planlamış, 5 Nisan XXXX tarihi, sabah saat 11:15 civarında, Tokyo Chuo-ku Nakamura-cho 3 adresinde bulunan Nakamura Alışveriş Merkezinin birinci katında yer alan Nakamura AŞ. Ginza Şubesi'nde, şube sorumlusu B'ye, malların ücretini ödemeye niyet ve gücü olmamasına rağmen, kendisinin kredi kartının haklı sahibi olan A olduğunu ve kredi kartı ile ödeme yapacağı kılıfına bürünmüş, bahsi geçen kredi kartını göstererek takım elbise vs. 3 parça mal satın almak istemiş, ikna ettiği bahsi geçen B vasıtasıyla takım elbise vs. 3 parça malı (toplam değeri 73,700 yene bedel) hileyle elde etmiştir.

⑽　殺人罪の例（確定的故意の場合）

「被告人は，A（当時62歳）に雇われ，東京都江東区山中町5丁目2番4号所在の同人方に住み込んでいたものであるが，被告人が通行人に罵声を浴びせたのを前記Aから叱責されて口論のあげく激高し，とっさに，同人を殺害しようと決意し，平成○○年3月8日午後7時ころ，同人方6畳間の押し入れの中から刃体の長さ13センチメートルのくり小刀を持ち出して携え，同所において，左手で前記Aの襟首をつかんで引き寄せながら，右手に持っていた前記くり小刀で同人の左胸部を突き刺し，同人がその場から逃げ出すや，追跡して同人方前路上でこれに追い付き，同所において，更に前記くり小刀で同人の左背部を突き刺し，よって，同人をして心臓刺切に基づく失血により即死させて殺害したものである。」

⑾　殺人罪の例（未必的故意の場合）

「被告人は，かねて，東京都千代田区山中2丁目8番9号所在のスナック「隼」の店員A（当時30歳）から軽蔑の目でみられていることに憤まんの情を抱いていたところ，平成○○年8月7日午後1時30分ころ，前記「隼」において，客として，前記Aにビールを注文したにもかかわらず，同人から「今日は帰れ。」と断られた上，刺身包丁を示され，「刺すなら刺してみろ。」と言われ，小心者と馬鹿にされたものと激高し酒の酔いも加わった勢いから，とっさに，同人が死亡する危険性が高い行為と分かっていながら，持ち合わせていた登山用ナイフ（刃体の長さ10セ

(10) Adam Öldürme Suçu Örneği ( Kasten Öldürme Durumunda)

Sanık, A (olay zamanı 62 yaşında) tarafından işe alınmış, Tokyo Koto-ku Yamanaka-cho 5-2-4 adresindeki aynı şahıs A'nın evinde oturuyordu. Fakat sanık, yoldan geçen insanlara bağırarak hakaret etmesi nedeniyle bahsi geçen A tarafından azarlanmış ve ağız dalaşı sonucunda, sanık aşırı öfkelenmiş ve o anda A'yı öldürmeyi kararlaştırmıştır. Sanık, 8 Mart XXXX tarihi, akşam saat 7:00 civarında, A'nın evindeki yaklaşık 8.8m$^2$ (6 tatami büyüklüğünde) olan odadaki dolabın içinden kesici kısmı 13 cm olan bıçağı çıkarıp, aynı evde, sol eliyle bahsi geçen A'yı ensesinden tutup kendi tarafına çekmiş, sağ elindeki daha önce bahsi geçen bıçağı A'nın sol göğsüne saplamış, A olay yerinden kaçar kaçmaz arkasından takip edip evinin önünde A'ya yetişerek, aynı yerde, bahsi geçen bıçağı bu kez A'nın sırtının sol kısmına saplamıştır. Bıçağın kalbi delmesinden doğan aşırı kan kaybı sebebiyle A anında ölmüştür. Sanık böylece A'yı öldürmüştür.

(11) Adam Öldürme Suçu Örneği (Kastı Aşan Adam Öldürme)

Sanık, önceden beri, Tokyo Chiyoda-ku Yamanaka 2-8-9 adresindeki bar "Hayabusa" da çalışan garson A (olay zamanı 30 yaşında) tarafından küçümsendiğinden dolayı kin tutmaktaydı. Sanık, 7 Ağustos XXXX tarihi öğleden sonra saat 1:30 civarında, bahsi geçen Hayabusa'da bir müşteri olarak bahsi geçen A'ya bira ısmarlamış olmasına rağmen, A 'Bugün çek git!' diye terslemiş, üstelik mutfak bıçağını göstererek "Bıçaklayabilirsin, bıçakla da görelim!" demiştir. Sanık kendisinin korkak olduğu ve aptal yerine konulduğu hissiyle aşırı öfkelenip, içkinin de tesiriyle, bir anda, A'nın ölmesine sebep olabilecek düzeyde tehlikede bir fiil olduğunun da bilinci içinde olarak, yanında taşıdığı

ンチメートル）で，同人の右下腹部を１回突き刺し，よって同月８日午前２時５分ころ，同区北川５丁目８番８号田中病院において同人を右腎等刺切による失血のため死亡させ，もって，同人を殺害したものである。」

⑿　銃砲刀剣類所持等取締法違反罪の例

「被告人は，法定の除外事由がないのに，平成○○年６月７日午後７時ころ，横浜市田中町１丁目２番３号付近路上に停車していた自己所有の普通乗用自動車内において，回転弾倉式けん銃１丁をこれに適合する実砲１９発と共に保管して所持したものである。」

⒀　出入国管理及び難民認定法違反罪の例

「被告人は，○○国国籍を有する外国人であり，平成○○年３月１０日，同国政府発行の旅券を所持して，千葉県成田市所在の成田国際空港に上陸し，我が国に入国したが，在留期間が平成○○年４月１０日までであったのに，その日までに在留期間の更新又は変更を受けないで我が国から出国せず，平成○○年５月１１日まで，神奈川県大和市大和町２丁目１４９番地に居住し，もって，在留期間を経過して不法に本邦に残留したものである。」

⒁　窃盗罪（万引）の例

「被告人両名は，共謀の上，平成○○年３月４日午後零時４５分ころ，東京都豊島区北山町１番２号株式会社北山池袋店において，同店店長Ａ管理のシャープペンシル３８本など合計８４点（定価合計３万０８５０円相当）を窃取したものである。」

dağcılık bıçağı (kesici kısmı10 cm) ile A'nın karnının sağ alt tarafından 1 kez bıçaklamıştır. Bu suretle 8 Ağustos sabah saat 2:05 civarında, Chiyoda-ku Kitagawa 5-8-8'de bulunan Tanaka Hastanesi'nde, sağ böbrek vs.'nin delinmesinden doğan aşırı kan kaybı sebebiyle A'nın ölümüne sebebiyet vermiş, sanık böylece A'yı öldürmüştür.

(12) Ateşli Silahlar ve Bıçaklar vs. Kontrol Kanunu ihlal suçu örneği

Sanık, kanunda istisnaî bir muamele olmamasına rağmen, 7 Haziran XXXX yılı akşam saat 7:00 sularında, Yokohama-shi Tanaka-cho 1-2-3 civarındaki yolda duraklama halindeki binek araç içinde, 1 adet toplu tabanca ile buna uygun olan 19 adet mermiyi muhafaza etmiş, bulundurmuştur.

(13) Göçmen Kontrol ve Mülteci Tanıma Kanunu'nu ihlâl suçu örneği

Sanık, ___________, uyruğundan olan yabancı ülke vatandaşı olup, 10 Mart XXXX tarihinde, aynı devletin verdiği pasaport ile, Chiba-ken Narita Şehri'nde bulunan Narita Uluslararası Havaalanına gelerek ülkemize giriş yapmıştır. Fakat ülkede ikamet süresinin 10 Nisan XXXX tarihine kadar geçerli olmasına rağmen, bu tarihe kadar ikamet süresinde herhangi bir yenileme veya değişiklik yapmaksızın ülkemizden ayrılmayarak, 11 Mayıs XXXX tarihine kadar Kanagawa-ken Yamato-shi Yamato-cho 2-149 adresinde oturmuş, bu nedenle ikamet süresini geçirerek kanunlara aykırı bir şekilde kalmıştır.

(14) Hırsızlık Suçu örneği (Dükkân Hırsızlığı)

İki sanık, anlaşarak, 4 Mart XXXX tarihi, öğlen saat 12:45 civarında, Tokyo Toshima-ku Kitayama-cho 1-2 adresindeki Kitayama AŞ. İkebukuro Şubesinde, şube sorumlusu A'nın denetimindeki 38 adet pilot kalem vs. toplam 84 parça (maktu fiyat toplamı 30,850 yen bedelinde) mal çalmıştır.

⒂　窃盗罪（すり）の例

「被告人両名は，共謀の上，平成○○年３月４日午後４時５４分ころ，東京都台東区山下町１番２号付近路上で，被告人Xにおいて，通行中のA（当時３０歳）が右肩に掛けていたショルダーバッグ内から，同人所有の現金４万３７５９円及びキャッシュカード等６点在中の札入れ１個（時価約１万円相当）を抜き取って，これを窃取したものである。」

⒃　教唆の例（窃盗）

「被告人は，平成○○年３月４日午後２時ころ，東京都千代田区北山町３番６号A方前路上において，Xに対し，「明日はこの家は留守になる。裏の戸はいつも開いているから，何か金目のものを取ってこい。」と申し向けて前記A方から金品を窃取するようにそそのかし，Xをしてその旨決意させ，よって，同月５日午後３時ころ，前記A方において，同人所有の腕時計１個（時価２０万円相当）を窃取するに至らせ，もって，窃盗の教唆をしたものである。」

⒄　帮助の例（窃盗）

「被告人は，Xが，平成○○年３月４日午後３時ころ，東京都千代田区北山町３番６号A方において腕時計１個（時価２０万円相当）を窃取するに際し，A方前路上でXのため，見張りをし，もって，同人の犯行を容易ならしめてこれを帮助したものである。」

**2　証拠の標目**

判示第１の事実について

(15) Hırsızlık Suçu örneği (Yankesicilik)

İki sanık, anlaşarak, 4 Mart XXXX tarihi, öğleden sonra saat 4:54 civarında, Tokyo Taito-ku Yamashita-cho 1-2 civarındaki yolda, sanık X, oradan geçmekte olan A'nın (olay zamanı 30 yaşında) sağ omzunda asılı duran çantanın içinden nakit 43,759 yen ve banka kartı vs. 6 parçanın bulunduğu 1 adet cüzdanı (cari fiyatı yaklaşık 10,000 yen bedel) alarak, hırsızlık yapmıştır.

(16) Suça Azmettirme örneği (Hırsızlık)

Sanık, 4 Mart XXXX yılı, öğleden sonra saat 2:00 civarında, Tokyo Chiyoda-ku Kitayama-cho 3-6 adresindeki A'nın evi önünde yolda, X'e "Yarın bu evde hiç kimse olmayacak. Evin arka kapısı her zaman açık olduğu için, git ve para veya değerli eşyaları al gel." diyerek, X'i A'nın evinden para ve değerli eşyaları çalmaya teşvik etmiştir. X'i ikna edip çalmaya karar verdirtmiş, dolayısıyla aynı ayın 5'i öğleden sonra saat 3 civarında, yukarıda belirtilen A'ya ait olan 1 adet kol saatini (cari fiyatı 200,000 yene bedel) çaldırmaya kadar vardırtmış, dolayısıyla hırsızlığa azmettirmiş olmuştur.

(17) Suça İştirak Etme örneği (Hırsızlık )

Sanık, X 4 Mart XXXX tarihi, öğleden sonra saat 3:00 civarında, Tokyo Chiyoda-ku Kitayama-cho 3-6 adresinde bulunan A'nın evinden, 1 adet kol saatini (geçer fiyatı 200,000 yen bedelinde) çalarken, A'nın evinin önündeki yolda, X için gözcülük yaparak suç işlemesini kolaylaştırmış olup suça iştirak etmiştir.

**2. Delillerin Listesi**

Kararda belirtilen birinci olaylara ilişkin

・　被告人の当公判廷における供述

・　被告人の検察官に対する平成○○年２月１５日付け供述調書

・　証人Ａの当公判廷における供述

・　Ｂの検察官に対する供述調書

・　Ｃの司法警察員に対する供述調書（謄本）

・　Ｄ作成の被害届

・　司法警察員作成の実況見分調書

・　司法巡査作成の平成○○年１月２２日付け捜査報告書

・　鑑定人Ｅ作成の鑑定書

・　押収してある覚せい剤１袋（平成○○年押第○○号の１）

・　○○地方検察庁で保管中のけん銃１丁（平成○○年○地領第○○号の１）

・　分離前の相被告人Ｙの当公判廷における供述

・　第３回公判調書中の証人Ａの供述部分

・　証人Ｃに対する当裁判所の尋問調書

・　証人Ｄに対する受命裁判官の尋問調書

・　当裁判所の検証調書

・　医師Ｆ作成の診断書

**3　累犯前科**

「被告人は，平成○○年３月２６日○○簡易裁判所で窃盗罪により懲役８月に処せられ，平成○○年１１月２６日その刑の執行を受け終わったものであって，この事実は検察事務官作成の前科調書によってこれを認める。」

- Sanığın bu mahkeme salonunda verdiği ifade
- Sanığın savcıya verdiği 15 Şubat XXXX tarihli ifade zaptı
- Tanık A'nın bu mahkeme salonunda verdiği ifade
- B'nin savcıya verdiği ifade zaptı
- C'nin adli polise verdiği ifade zaptı (Aslının kopyası)
- D'nin hazırladığı şikayetname
- Adli polis memurunun hazırladığı olay yeri inceleme raporu
- Adli polisin hazırladığı 22 Ocak XXXX tarihli soruşturma raporu
- Bilirkişi E tarafından hazırlanan uzman raporu
- Haciz edilmiş olan 1 torba uyarıcı ilaç (XXXX yılı haciz/ XX-1 sayılı)
- ___________ Bölge Savcılığında muhafaza altında olan 1 adet tabanca (XXXX yılı, _______________ Bölge XX-1sayılı)
- Ayrılmadan önce müşterek sanıklardan Y'nin bu duruşma salonunda verdiği ifade
- 3. duruşmada kaydedilen zabıttaki tanık A'nın ifade bölümü
- Tanık C'nin bu mahkemece yapılan sorgu zaptı
- Tanık D'nin baş hâkimce atanan hâkimce yapılan sorgu zaptı
- Bu mahkemece yapılan teftiş zaptı
- Doktor F tarafından düzenlenen muayene raporu

**3. Cürümde Tekerrür Sabıkası**

Sanık, 26 Mart XXXX tarihinde, ____________ Sulh Mahkemesi'nce hırsızlık suçu sebebi ile 8 ay angaryalı hapis cezasına çarptırılmış ve bu cezayı 26 kasım XXXX tarihinde tamamlamış olduğu, savcı yardımcısının hazırladığı sabıka zaptına göre onaylandı.

## 4　確定判決

「被告人は，平成○○年３月１０日○○地方裁判所で傷害罪により懲役１年に処せられ，その裁判は同月２５日確定したものであって，この事実は検察事務官作成の前科調書によってこれを認める。」

## 5　法令の適用

「被告人の判示所為は刑法１９９条に該当するところ，所定刑中有期懲役刑を選択し，その刑期の範囲内で被告人を懲役８年に処し，同法２１条を適用して未決勾留日数中１２０日をその刑に算入し，押収してある刺身包丁１本（平成○○年押第○○号の１）は判示犯行の用に供した物で被告人以外の者に属しないから，同法１９条１項２号，２項本文を適用してこれを没収し，訴訟費用は，刑事訴訟法１８１条１項ただし書を適用して被告人に負担させないこととする。」

## 6　量刑の理由

出入国管理及び難民認定法違反の例

・　本件は，Ｙ国国民である被告人が，定められた在留期間を越えて不法に我が国に残留したという事案である。

・　被告人が我が国に不法に残留した期間が２年余りの長期であることなどに照らすと，被告人の刑事責任は重い。

・　他方で，被告人は，本件犯行について反省の態度を示し，今後は，本国に帰って，まじめな生活を送りながら，立ち直っていくことを誓っていること，被告人と生活を共にしていた婚約者が，被告人の本国で被告人と結婚して共に生活する気持ちでおり，被告人に対する寛大な処

**4. Kesin Hüküm**

Sanık,10 Mart XXXX tarihi, ____________ Bölge İdare Mahkemesinde bedenî zarar verme suçundan angaryalı 1 yıl hapis cezasına çarptırılmış ve bu yargılamanın 25 Mart tarihinde kesinlik kazanmış olduğu, savcılık memurunun hazırladığı sabıka zaptına göre onaylandı.

**5. Kanunun Tatbiki**

Sanığın kararda belirtilen fiili, Ceza Kanunu'nun 199. maddesine uygun olup, ceza olarak sabit süreli hapis cezası seçilmiş ve bu kapsamda 8 yıl angaryalı hapis cezasına çarptırılmıştır. Aynı Ceza Kanunu'nun 21.maddesi uyarınca, cezaî tahkikat sırasında tutuklulukla geçen 120 günlük süre bu hapis cezasına sayılacaktır. El konulan 1 adet mutfak bıçağı (XXXX yılı haciz/ XX-1 sayılı), kararda belirtilen suç işlenirken kullanılmış olup sanık harici birine ait olmadığından ötürü, aynı kanunun 19. Madde, fıkra 1-2 ile 2. fıkrası gereğince müsadere edilecek, dava masrafları ise Ceza Muhakemeleri Usulü Kanunu'nun 181. madde 1 fıkrasındaki şart uyarınca, sanık bu masraftan sorumlu tutulmayacaktır.

**6. Mahkûm Etme Sebepleri**

Göçmen Kontrol ve Mülteci Tanıma Kanunu'nu ihlâl örneği

- Bu dava, Y ülke vatandaşı olan sanığın, belirlenen ikamet süresini geçirerek yasadışı ülkemizde kaldığına dairdir.
- Sanığın yasadışı ülkemizde kalmış olduğu sürenin 2 yıl gibi uzun bir süre olduğu göz önünde tutulursa, cezaî sorumluluğu ağırdır.
- Diğer taraftan sanık, söz konusu suçu işlemiş olmaktan pişman olduğunu davranışlarıyla göstermiş, bundan böyle, kendi ülkesine dönüp dürüst bir yaşam sürerek düzeleceğine dair yemin etmekte, sanık ile birlikte yaşamakta olan nişanlısı, sanığın ülkesinde sanık ile evlenip birlikte yaşam sürmek niyetinde olduğunu ve

罰を訴えていることなど，被告人にとって酌むべき事情もある。

・　そこで，これらの事情を総合して主文のとおり刑を量定した。

## 第6章　控訴審における判決理由

### 1　理由の冒頭部分

本件控訴の趣意は，弁護人甲作成名義〈検察官乙提出〉の控訴趣意書記載のとおりであり，これに対する答弁は，検察官乙作成名義〈弁護人甲作成名義〉の答弁書記載のとおりであるから，これらを引用する。

控訴趣意中量刑不当〈事実誤認，訴訟手続の法令違反，理由不備〉の主張（論旨）について

### 2　理由の本論部分

(1)　控訴棄却

所論は，要するに，被告人には，本件輸入に係る物品が覚せい剤であるとの認識がなかったのであるから，被告人にその認識があったとして覚せい剤輸入の罪の成立を認めた原判決には，判決に影響を及ぼすことが明らかな事実の誤認があるというのである。しかし，原判決挙示の各証拠によると，被告人は，本件に至るまで，貨物船○○の船員として約２０回日本国と○○国との間を往復している者である上，○○国において船員としての教育を受けるに当たり，覚せい罪等の密輸が禁止されていることや関税関係法規等についての知識を得ていることが認められるから，覚せい剤が概ねどのような物品であるかを承知していたと推

sanığa müşfik bir cezanın verilmesini arzu ettiği gibi, sanık için hesaba katılması gereken koşullar da vardır.

- Bütün bu koşullar dikkate alınarak, karar metninde telaffuz edildiği gibi cezalandırılmasına karar verildi.

**VI. *Koso* Temyiz Yargılamasında Verilen Karar Sebebi**

**1. Sebebin Giriş Kısmı**

Söz konusu *Koso* temyizinin esas konusu, müdafî A ismiyle hazırlanan <savcı B tarafından ibraz edilen> *Koso* Temyizi İçin Sebepler bildirisinde yazılı olduğu gibidir. Buna karşılık cevap, savcı B ismiyle hazırlanan <Müdafî A ismiyle hazırlanan> cevap bildirisinde olduğu gibidir. Bu nedenle bu belgeler mahkemece alıntı yapılıp kullanılacaktır.

*Koso* Temyizi İçin Sebepler bildirisinde cezanın uygun olmamasına ilişkin <Olayların hatalı kabulü / Dava işlemlerinde hukuk ihlâli / Sebebin yetersizliği> iddia hakkında

**2. Sebebin Esas Kısımı**

(1) *Koso* temyizi' nin reddi

Asıl husus, kısaca, sanık dava konusu ithal edilen malların uyarıcı ilaç olduğunun farkında olmadığı için, sanık bunun bilincindeydi diyerek, uyarıcı ilaç ithal etme suçu onaylanmış olan önceki hükümde, kararı etkilediği açık ortada olan olayların hatalı kabulü mevcuttur şeklinde söylenmektedir. Fakat önceki yargılamada belirtilen her delile göre, sanık söz konusu davaya varana kadar, yük gemisi ________'nin mürettebatı olarak yaklaşık 20 kez Japonya ile ülkesi arasında gidip gelmiş olan bir şahıs olup, üstelik ________ ülkesinde mürettebat eğitimi alırken uyarıcı ilaç vs. kaçakçılığının yasak olduğunu ve gümrük yönetmeliği vs. 'ye ilişkin bilgiye sahip olduğu kabul edilebileceği için, uyarıcı ilacın nasıl bir mal olduğunun farkında olduğu tahmin edilmektedir. Bunları baz alarak,

認されるところである。そして，このことを前提として，甲から本件物品の運搬を依頼された際の物品の運搬ないし引渡しの方法についての指示内容が極めて密行性を帯びたものであったこと，被告人は本件物品がビニール製５袋に分けられた白色の結晶状を呈した物質であることを確認していること，搬入の手段，方法が覚せい剤等を持ち込む際によく行われる典型的な隠匿運搬方法を採っていること，その他本件発覚前後の証拠隠滅工作，被告人の捜査官に対する供述の内容等記録によって認められる諸事情をも考え合わせると，本件物品が覚せい剤であるとは知らなかったという被告人の弁解は到底信用できるものではなく，本件輸入の際，被告人は本件物品が覚せい剤であるとの認識を有していたと認めるのが相当である。

したがって，原判決がその挙示する各証拠を総合して原判示事実を認定したことは相当であり，原判決に事実誤認はないから，論旨は理由がない。

⑵　破棄自判

所論は，要するに，被告人を禁錮１年６月に処した原判決の量刑は重すぎて不当であるというのである。

記録によれば，本件事故は，被告人が前車の発進に気を許し左方の安全を確認することなく発進進行した過失により，折から横断歩道上を自転車に乗って進行していた被害者に自車を衝突転倒させ死亡させたというものであって，過失及び結果の重大性にかんがみると，所論指摘の被告人に有利な事情を十分考慮しても，原判決の量刑は，その宣

A tarafından malların nakli istendiği zamanki malların nakil ve teslim yöntemi hakkındaki talimatın aşırı gizlilik içinde verilmiş olduğu, sanığın söz konusu malların 5 naylon poşete bölünmüş olan beyaz ve berrak bir madde olduğunu tasdik ettiği, nakil yöntemi olarak, uyarıcı ilaç vs. taşırken yapılan tipik gizli taşıma usulünü kullandığı, ve ayrıca söz konusu olayın ortaya çıkmasından önce ve sonrasında delilleri yok etme girişimi yaptığı, sanığın soruşturma memuruna verdiği ifade içeriği vs. kaydına göre anlaşılabilen şartlar da düşünülürse, söz konusu malların uyarıcı ilaç olduğunun bilincinde değildim şeklindeki sanığın iddiasına inanmak mümkün değildir. Dava konusu malların ithali sırasında sanık söz konusu malların uyarıcı ilaç olduğu bilincine sahipti şeklinde tasdiki uygun olacaktır.

Bundan dolayı, önceki hükümde belirtilen her delil temel alındığında, önceki kararda belirtilen olayların onanması uygun olacaktır ve önceki hükümde olayların hatalı kabulü söz konusu olmadığından dolayı, iddia asılsızdır.

(2) Üst mahkemenin alt mahkemede verilen hükmü feshedip bizzat kendi karar vermesi

Konu, kısaca, sanığı 1 yıl 6 ay angaryasız hapis cezasına çarptıran önceki hükmün gereğinden ağır ve haksız olduğudur.

Kayıtlara göre, dava konusu kaza, sanık, önündeki arabanın hareket etmesine dayanarak sol tarafın emniyetine dikkat etmeksizin arabasını hareket ettirme ihmali ile, o sırada bisikletle yaya geçidinden geçmekte olan maktule arabasıyla çarpıp düşürmüş ve ölmesine sebep olmuştur. İhmal ve sonucun ciddiyeti düşünüldüğü takdirde, konuda belirtilen sanığın lehine koşullar yeterince göz Önüne alınsa bile, önceki hükümdeki cezanın kararlaştırıldığı sırada uygun olduğunu kabul etmek mümkündür.

告時においては相当であったと認めることができる。

しかし，当審事実取調べの結果によれば，原判決後，被害者の遺族との間に，さらに任意保険等から・・・・・合計２０００万円を支払うことで示談が成立していること，示談の成立に伴い被害感情は一層和らぎ，被害者の遺族から寛大な処分を望む旨の上申がなされるに至っていることなどの事情が認められ，これによれば，原判決の量刑は，現時点においては刑の執行を猶予しなかった点において重きに失し，これを破棄しなければ明らかに正義に反するといわなければならない。

**3　法令の適用部分**

(1)　控訴棄却

よって，刑訴法３９６条により本件控訴を棄却し，刑法２１条により当審における未決勾留日数中５０日を原判決の刑に算入し，当審における訴訟費用は刑訴法１８１条１項本文を適用して被告人に負担させることとし，主文のとおり判決する。

(2)　破棄自判

よって，刑訴法３９７条２項により原判決を破棄し，同法４００条ただし書により更に次のとおり判決する。

原判決が認定した罪となるべき事実に原判決と同一の法令を適用（科刑上一罪の処理，刑種の選択を含む。）し，その刑期の範囲内で被告人を懲役２年１０月に処し，刑法２１条により原審における未決勾留日数中５０日をその刑に算入し，原審及び当審における訴訟費用は刑訴法１８１

Fakat bu yargılamada yapılan olay tetkik sonucuna göre, önceki hüküm verildikten sonra, sanık tarafı ile maktulün ailesi arasında, ihtiyari sigorta vs. 'den toplam 20 milyon yen ödenmesine dair uzlaşmaya varıldığı, böylece manevi zararın daha hafiflediği, maktulün ailesinin sanığa müşfik bir cezanın verilmesini arzu eden raporda bulunduğu vb. durumlar anlaşılmış, bu koşullar göz önüne alındığında, önceki hükümde verilen ceza, hâlihazırda ceza infazının ertelenmemesi itibarıyla çok serttir. Bu kararın bozulmamasının açıkça adalete karşı çıkmak olduğunu ifade etmek zorundayım.

**3. Hukukun Tatbiki**

(1) *Koso* temyizinin reddi

Bundan dolayı, Ceza Muhakemeleri Usulü Kanunu'nun 396. maddesine göre söz konusu *Koso* temyizinin reddine, Ceza Kanunu'nun 21.maddesine göre, bu yargılama süresince tutuklu geçen 50 günlük sürenin önceki hükmün cezasına sayılmasına, bu yargılamanın temyiz masrafından Ceza Muhakemeleri Usul Kanunu'nun 181. madde 1.fıkrasının tatbikiyle sanığın sorumlu tutulmasına, karar metninde telaffuz edildiği gibi karar verildi.

(2) Üst mahkemenin önceki hükmü feshedip bizzat kendi karar vermesi

Bundan dolayı, Ceza Muhakemeleri Usulü Kanunu'nun 397. madde 2. fıkrasına göre önceki hüküm feshedildi. 400. Maddedeki şart uyarınca ayrıca şöyle karar verildi. Önceki kararda kabul edilen suç unsuru olaylara önceki karar ile aynı hukuku tatbik (birden fazla olan cezaların tek bir ceza olarak işleme alınması, ceza türü seçimini kapsar) ederek, ceza kapsamında sanığı 2 yıl 10 ay angaryalı hapis cezasına, Ceza Kanunumun 21.maddesine göre önceki yargılama süresince tutuklu geçen 50 günlük sürenin bu cezaya sayılmasına, önceki yargılama ve bu yargılamadaki dava masraflarından Ceza Muhakemeleri

条１項ただし書を適用して被告人に負担させないこととし，主文のとおり判決する。

⑶　破棄差戻し

よって，刑訴法３９７条１項，３７７条３号により原判決を破棄し，同法４００条本文により本件を原裁判所である○○簡易裁判所に差し戻すこととし，主文のとおり判決する。

Usulü Kanunu'nun 181. madde 1.fıkrasındaki şart uyarınca sanığın sorumlu tutulmamasına, karar metninde telaffuz edildiği gibi karar verildi.

(3) Önceki hükmün feshedilip alt mahkemeye iade edilmesi

Bundan dolayı, Ceza Muhakemeleri Usulü Kanunu'nun 397. madde 1. fıkrası, 377.madde 3. fıkrasına göre önceki hükmün feshedilmesine, 400. madde uyarınca söz konusu davanın alt mahkeme ________________ olan Sulh Mahkemesi'ne iade edilmesine, karar metninde telaffuz edildiği gibi karar verildi.

# 第４編

# 法律用語等の対訳

# 第４編　法律用語等の対訳

## 第１章　法律用語の対訳

### 【あ　行】

| | |
|---|---|
| ・相被告人［共同被告人］ | ・birlikte dava olunan, müşterek sanık |
| ・あおる | ・teşvik etmek |
| ・アリバイ | ・suç işlendiği sırada başka yerde olduğunu kanıtlama |
| ・アルコール中毒 | ・alkolizm, alkol bağımlılığı |
| ・言い渡す | ・beyan etmek, sözlü olarak bildirmek |
| ・異議 | ・itiraz |
| ・異議の申立て | ・itiraz başvurusu |
| ・意見陳述 | ・fikir ifade etme, fikir beyan etme |
| ・移送（被告事件の） | ・nakletme; olayla ilgili işlemlerin başka bir resmi daireye nakli |
| ・移送（被告人の） | ・nakletme; olayla ilgili sanığın başka bir yere nakli |
| ・一事不再理 | ・mahkeme kararının kesinleşmesi durumunda, aynı olayla ilgili tekrar dava açamama prensibi |
| ・遺伝 | ・irsiyet, soyaçekim, genetik |
| ・居直り強盗 | ・fark edilmesi üzerine birdenbire saldıran veya şiddetle tehdit eden hırsız; soyguna dönüşen hırsızlık olayı |
| ・違法収集証拠 | ・kanuna aykırı olarak elde edilen delil |
| ・違法性 | ・kanuna muhalefet, hukuka aykırılık |
| ・違法性阻却事由 | ・hukuka aykırılık teşkil eden bir fiilin meşru olmasını sağlayan sebep |
| ・医療刑務所 | ・Tıbbî Tedavi Hapishanesi：Hasta,fiziksel özürlü ve madde bağımlıları cezaevi |
| ・医療の終了 | ・tıbbî tedavinin sona ermesi |
| ・因果関係 | ・sebep-sonuç ilişkisi, nedensellik |
| ・因果関係の中断 | ・sebep-sonuç ilişkisinin kopması |

・インターネット異性紹介事業 ・İnternetten eş bulma hizmetleri
・引致 ・şüpheli, sanık veya tanığı kanunî mercilere mecburi götürme
・隠匿する ・gizlemek, saklamak, yataklık etmek
・員面調書 ・adli polis memuru tarafından tutulan zabıt
・うそ発見器 ・poligraf, yalan makinası
・疑うに足りる相当な理由 ・şüphelenmeye yeterli tatmin edici sebep
・写し ・kopya, suret, nüsha
・うつ病 ・depresyon
・営業秘密 ・ticari sır
・営利の目的 ・kâr amacı; suç fiilinden kâr etme amacı
・閲覧する ・denetlemek, incelemek, gözden geçirmek; dikkatle okumak
・えん罪 ・yanlış itham, yanlış iddia
・援用 ・referans; bir iddiayı desteklemek maksadıyla başka kaynaklardan, olay veya örflerden alıntı yapma
・押印 ・mühür, damga
・押収 ・el koymak, haciz, zapt
・押収物 ・haciz edilmiş mallar,el konulan mallar
・汚職 ・yolsuzluk, suistimal, görevi kötüye kullanma
・おとり捜査 ・gizli ajan tarafından yapılan soruşturma; gizli soruşturma
・恩赦 ・af

【か 行】

・戒護 ・hapishanedeki emniyetin muhafazası
・改ざんする ・bir metinde kanuna aykırı şekilde değişiklikler yapmak
・開示 ・ifşa, meydana çıkarma, açıklama
・改悛の情 ・pişmanlık, tövbe

| | |
|---|---|
| ・外傷性 | ・travma, bir dış etki sonucunda meydana gelen yara |
| ・海上保安庁 | ・Sahil Güvenlik Komutanlığı |
| ・海上保安留置施設 | ・Sahil Güvenlik Nezarethanesi |
| ・開廷 | ・duruşmanın açılışı |
| ・回答書 | ・soru veya talebe karşı verilen yazılı cevap |
| ・外務省 | ・Dışişleri Bakanlığı |
| ・科学警察研究所（科警研） | ・Polis Bilimi Ulusal Araştırma Enstitüsü |
| ・覚せい剤 | ・uyarıcı ilaç |
| ・覚せい剤中毒者 | ・uyarıcı ilaç bağımlısı |
| ・確定 | ・nihai hale gelme, kesinleşme |
| ・確定判決 | ・son karar, kesin hüküm |
| ・科刑上一罪 | ・aslen birden fazla olan cezaların tek bir ceza olarak işleme alınması |
| ・過失 | ・ihmal, kusur, dikkatsizlik |
| ・過失犯 | ・ihmal suçu; ihmal suçu işleyen kişi |
| ・過剰避難 | ・mevcut tehlikeden haklarını korumak için elde olmadan yapılan haddinden fazla acil sığınma hareketi |
| ・過剰防衛 | ・olması yakın bir haksız tecavüzden kendini veya başkalarının haklarını savunmak için haddinden fazla yapılan meşru müdafaa |
| ・加重 | ・cezanın ağırlaştırılması |
| ・家庭裁判所（家裁） | ・Aile Mahkemesi |
| ・家庭裁判所調査官 | ・Aile Mahkemesi Teftiş Memuru |
| ・可罰的違法性 | ・bir fiilin suç olarak cezalandırılabilir derecede kanun nizamına aykırı olması |
| ・仮釈放 | ・şartlı tahliye |
| ・仮納付 | ・geçici ödeme |
| ・仮放免 | ・geçici olarak salıverilme |
| ・過料 | ・Ceza Kanununda cezası olmayan ihmal suçuna verilen para cezası |

| | |
|---|---|
| ・科料 | ・Ceza Kanunu ana cezalarından biri olan hafif para cezası |
| ・簡易公判手続 | ・delil tetkik işlerini basitleştiren duruşma işlemleri |
| ・簡易裁判所（簡裁） | ・Basit davalara bakan mahkeme, kısıtlı yetkilere sahip mahkeme |
| ・姦淫 | ・zina; gayriahlaki cinsel ilişki |
| ・管轄 | ・yargı salahiyeti, yargı yetkisi |
| ・管轄違い | ・yargı salahiyetsizliği |
| ・間接事実 | ・ispat gerektiren olayı ispata yarayan dolaylı olay |
| ・間接証拠 | ・dolaylı delil; doğrudan doğruya iddia olunan konuyu kanıtlamamakla beraber, iddianın doğruluğunu teyit eden diğer konuları kanıtlamaya yarayan kanıt |
| ・間接正犯 | ・dolaylı suç işleyen kişi, başkasını kullanarak suç işleyen kişi |
| ・監置 | ・hapishanede tutulma, mahpusluk |
| ・鑑定 | ・bilirkişi beyanı; uzman görüşü; uzman raporu |
| ・鑑定証人 | ・uzman tanık |
| ・鑑定嘱託書 | ・bilirkişi beyanı talep dilekçesi |
| ・（鑑定その他）医療的観察 | ・(bilirkişi ve diğer) Tıbbî gözlem |
| ・鑑定手続実施決定 | ・bilirkişi incelemesi uygulama kararı |
| ・鑑定入院命令 | ・sanığın hastaneye yatırılarak bilirkişi gözetiminde incelenmesine yönelik emir |
| ・鑑定人 | ・bilirkişi, uzman, eksper |
| ・鑑定留置 | ・sanığın psikolojik veya fiziksel durumu ile ilgili muayene ettirme durumunda, gerekirse hastane vs.'de tutma |
| ・観念的競合 | ・bir fiilin birkaç suç ismine isabet etmesi durumu |
| ・還付 | ・haciz edilen mal vs.'nin geri iadesi |
| ・管理売春 | ・fuhuş işletimi |

・期間　・süre, müddet
・棄却する　・reddetmek, kabul etmemek, geri çevirmek
・偽計　・aldatıcı plan, proje; entrika
・期日　・tarih; duruşma tarihi
・期日間整理手続　・ara düzenleme işlemi; iki duruşma arasında yapılan tartışma konularının ve dava delillerinin düzenlendiği işlem
・期日間整理手続調書　・ara düzenleme işlem tutanağı
・既遂　・suç oluşumu için gerekli şartların yeterince mevcut ve suçun tamamlanmış olması
・偽造　・sahtekârlık, kalpazanlık
・起訴事実　・iddia edilen olaylar
・起訴状　・iddianame, ithamname
・起訴状の訂正　・iddianamenin gözden geçirilip düzeltilmesi; iddianamenin revizyonu
・起訴する　・kanunî takibatta bulunmak, aleyhte dava açmak, suçlamak, itham etmek
・起訴猶予　・takibatın tecili
・既判力　・kararın kesinlik kazanmasından sonra, aynı konu hakkında tekrar dava açılamaması
・忌避　・itiraz, ret; reddi hâkim, adaletsiz yargılama ihtimaline karşı başvuru üzerine hâkimin veya kâtibin görevden alınması
・基本的人権　・temel insan hakları
・欺罔する（欺く）　・kandırmak, aldatmak, dolandırmak
・客体の錯誤　・suç hedefini şaşırma
・却下する　・işlem için yapılan başvuruyu direkt dosya üzerinde reddetmek, kabul etmemek
・求刑　・ceza talebi
・急迫の危険　・yakın tehlike
・急迫不正の侵害　・olması yakın yasadışı tecavüz

| | |
|---|---|
| ・恐喝する | ・şantaj yapmak |
| ・凶器 | ・cinayet aleti |
| ・教唆する | ・suç vb.'ye teşvik, tahrik etmek; azmettirmek |
| ・供述 | ・sanık, şüpheli veya tanıklar tarafından verilen ifade: tanıklık etme |
| ・供述拒否権 | ・ifade vermeyi reddetme hakkı |
| ・供述書 | ・yazılı ifade |
| ・供述調書 | ・ifade zaptı |
| ・供述の任意性 | ・ifadenin ihtiyariliği |
| ・[ 強制 ] 送還 | ・sınır dışı etme, cebri iade |
| ・強制捜査 | ・mecburi soruşturma |
| ・共同正犯 | ・müşterek suç işleme; suç ortakları |
| ・共同被告人 | ・birlikte dava olunan sanıklar |
| ・共同暴行 | ・müşterek saldırı, zor kullanma |
| ・脅迫する | ・tehdit etmek |
| ・共犯 | ・suç ortaklığı |
| ・共謀 | ・komplo, tezgâh, gizli ittifak |
| ・共謀共同正犯 | ・suç işleme konusunda fikir birliği yapan suç ortakları |
| ・業務上過失 | ・meslekî ihmal, meslekî dikkatsizlik |
| ・業務上の注意義務 | ・meslekî dikkat zorunluluğu |
| ・挙証責任 | ・ispat sorumluluğu |
| ・緊急逮捕 | ・acil durumlarda tutuklama emri olmaksızın yapılan tutuklama |
| ・緊急避難 | ・acil kaçış; yaklaşan bir tehlikeden kaçmak için elde olmadan yapılan başkalarının haklarına tecavüz fiili |
| ・禁錮 | ・angaryasız hapis, mahkûmiyet |
| ・禁制品 | ・ithali veya ihracı yasak olan mallar |
| ・区 | ・semt |
| ・区検察庁（区検） | ・Mahallî Savcılık |

- 区分審理 ・*saiban-in* sisteminde aynı kişiye karşı açılmış birden çok suç davasının bölümlenerek yürütülmesi
- 刑期 ・hapis müddeti, mahkûmiyet süresi
- 警告 ・ikaz, uyarı
- 警察署 ・polis karakolu
- 警察庁 ・Emniyet Genel Müdürlüğü
- 警察庁次長 ・Emniyet Genel Müdür Yardımcısı
- 警察庁長官 ・Emniyet Genel Müdürü
- 警視 ・Baş komiser
- 警視監 ・Emniyet Müdürü
- 刑事施設 ・Ceza İnfaz Kurumu, Cezaevi
- 刑事収容施設 ・Ceza ve Tutuk Evi
- 刑事処分 ・cezaî işlem
- 警視正 ・kıdemli baş komiser
- 刑事責任 ・cezaî sorumluluk
- 警視総監 ・Başkent Emniyet Müdürlüğü Emniyet Genel Müdürü
- 刑事第１部 ・1. Ceza Dairesi
- 警視庁 ・Başkent Emniyet Müdürlüğü
- 警視長 ・Emniyet Amiri
- 刑事未成年者 ・cezaî sorumluluk taşımayan, gayri reşit
- 刑の量定に影響を及ぼす情状 ・ceza kararına etki eden şartlar
- 刑罰 ・ceza
- 頚部 ・boyun
- 警部 ・komiser
- 警部補 ・komiser yardımcısı
- 刑務官 ・cezaevi memuru
- 刑務所 ・cezaevi, hapishane
- 刑務所長 ・cezaevi müdürü

- 結果回避義務 • sonucunda tehlike olan bir olaydan kaçınma sorumluluğu
- 欠格事由 • ret etme gerekçesi; tayin için ehliyetsizlik sebepleri
- 結果的加重犯 • sonucundan ötürü ağırlaştırılan suç
- 結審する • yargılamayı bitirmek
- 決定 • karar, hüküm
- 県 • vilayet, il
- 原因において自由な行為 • kendini sorumluluk ehliyeti olmayan bir duruma sokup suç işleme sonucunu doğurma
- 厳格な証明 • kati ispat
- 県警察本部 • İl Emniyet Müdürlüğü
- 現行犯 • meşhut suç, işlenmekte iken faili yakalanan veya derhal takibe geçirilen suç; suçüstü yakalanan suçlu
- 現行犯人逮捕手続書 • suçüstü yakalanan suçluya ait işlem dosyası
- 原裁判所 • bir önceki mahkeme; alt mahkeme
- 検察官 • savcı
- 検察官請求証拠 • savcı tarafından inceleme amacı ile talep edilen delil
- 検察事務官 • savcılık memuru
- 検察審査員 • savcılık tahkikat komite üyesi
- 検察審査会 • savcılık tahkikat komitesi
- 検視 • otopsi, ceset muayenesi
- 検事 • savcı
- 検事正 • Başsavcı; Bölge Savcılığı Başkanı
- 検事総長 • Savcılar Yüksek Kurulu Başsavcısı
- 検事長 • Yüksek Savcılık Başsavcısı
- 現住建造物 • ikamet edilen bina / yapı
- 検証 • teftiş, denetleme, tetkik
- 検証調書 • teftiş zaptı

| | |
|---|---|
| ・原審 | ・alt mahkeme |
| ・原審弁護人 | ・alt mahkemedeki müdafi |
| ・限定責任能力 | ・sınırlandırılmış cezai ehliyet |
| ・原判決 | ・bir önceki mahkeme kararı |
| ・憲法違反 | ・anayasayı ihlâl |
| ・原本 | ・orijinal belge |
| ・検面調書 | ・savcı nezdinde verilen ifade zaptı |
| ・権利保釈 | ・talep durumunda mecburi kefaletle tahliye |
| ・牽連犯 | ・murtabıt suç, bağlantılı suçlar |
| ・故意 | ・niyet, kasıt, maksat |
| ・合意書面 | ・anlaşma belgesi, uzlaşma belgesi |
| ・勾引状 | ・ihzar müzekkeresi, zorla getirme emri |
| ・勾引する | ・sanık, tanık veya olayla ilgili kişileri zorla resmi makama getirmek |
| ・合議体 | ・Toplu Mahkeme; ikiden fazla hakimden ibaret konsey |
| ・公共職業安定所（職安） | ・İş ve İşçi Bulma Kurumu |
| ・抗拒不能 | ・reddetme yetisi olmayan, savunmasız |
| ・後見監督人 | ・vasi danışmanı |
| ・後見人 | ・vasi |
| ・抗告 | ・*kokoku* temyizi |
| ・抗告裁判所 | ・*kokoku* temyizi mahkemesi |
| ・抗告の趣旨 | ・itiraz amacı |
| ・抗告の取下げ | ・itirazın geri çekilmesi |
| ・公使 | ・Ortaelçi |
| ・強取する | ・soymak; zor ve şiddet kullanarak almak |
| ・公序良俗 | ・umumî intizam ve iyi ahlâk |
| ・更新する | ・yenilemek, uzatmak |
| ・更生 | ・kendini düzeltme, ıslah |

- 更正決定 ・evraklarda düzeltme yapma kararı, tasfiye kararı
- 構成裁判官 ・*Saiban-in* sisteminde jüri içinde bulunan hâkim üye
- 構成要件 ・suç teşkil eden unsurlar
- 厚生労働省 ・Sağlık ve Çalışma Bakanlığı
- 厚生労働大臣 ・Sağlık ve Çalışma Bakanı
- 控訴 ・*koso* temyizi
- 公訴 ・kovuşturma, kanunî takibat, ceza davası
- 公訴棄却 ・davanın reddi
- 控訴棄却 ・*koso* temyizinin reddi
- 公訴権濫用 ・dava hakkının kötüye kullanılması
- 控訴裁判所 ・*koso* temyiz mahkemesi
- 公訴時効 ・davanın zamanaşımı
- 公訴事実 ・iddia edilen suçu oluşturan olaylar
- 控訴趣意書 ・*koso* temyizi için sebepler bildirisi
- 控訴審 ・*koso* temyizi yargılaması
- 公訴提起 ・davanın ibrazı
- 控訴提起期間 ・*koso* temyizi için ibraz süresi
- 控訴申立書 ・*koso* temyizi başvuru dilekçesi
- 控訴理由 ・*koso* temyiz sebebi
- 拘置所 ・tevkifhane, tutukevi
- 交通切符 ・trafik ihlâli işleminde kullanılan form
- 交通事件原票 ・trafik ihlâli polis kaydı
- 交通反則金 ・trafik ihlâli para cezası
- 口頭 ・sözlü sunuş
- 高等検察庁（高検） ・Yüksek Savcılık
- 高等裁判所（高裁） ・Yüksek Mahkeme
- 高等裁判所長官 ・Yüksek Mahkeme Başkanı
- 口頭弁論 ・sözlü iddia
- 公判期日 ・duruşma tarihi

| | |
|---|---|
| ・公判準備 | ・duruşma hazırlığı |
| ・公判調書 | ・duruşma zaptı |
| ・公判廷 | ・duruşma yapılan mahkeme salonu |
| ・公判手続 | ・duruşma işlemleri |
| ・公判前整理手続 | ・duruşma öncesi düzenleme işlemi; ilk duruşma öncesi yapılan tartışma konularının ve dava delillerinin düzenlendiği işlem |
| ・公判前整理手続期日 | ・duruşma öncesi düzenleme işlem tarihi |
| ・公判前整理手続調書 | ・duruşma öncesi düzenleme işlem tutanağı |
| ・交付送達 | ・evrakların şahsa tebliği |
| ・公文書 | ・devlet memurunun hazırladığı resmî evrak |
| ・公務員 | ・devlet memuru |
| ・拷問 | ・işkence |
| ・公用文書 | ・devlet veya kamu kuruluşları tarafından çıkarılan resmi kullanım evrakı |
| ・勾留 | ・nezaret, gözetim, engelleme, alıkoyma |
| ・拘留 | ・1 günden çok 30 günden az olmak kaydıyla cezaevinde tutma, tutuklama |
| ・勾留執行停止 | ・gözaltına alma infazının durdurulması |
| ・勾留状 | ・gözaltına alma emri |
| ・勾留理由開示 | ・gözaltına alma sebebinin açıklaması |
| ・コカイン | ・kokain |
| ・呼気アルコール濃度 | ・nefesteki alkol yoğunluğu |
| ・語気を荒げて | ・kızgın bir ses tonuyla |
| ・国外犯 | ・yurtdışında işlenen suç |
| ・国際司法共助 | ・uluslararası adli yardım, destek |
| ・国籍 | ・tabiiyet, vatandaşlık, uyruk |
| ・国選被害者参加弁護士 | ・mağdur için mahkeme tarafından atanan müdafî |
| ・国選弁護人 | ・hükümet tarafından tayin edilen müdafi |

・告訴　・mağdur veya vekili tarafından yapılan suçlama, itham
・告訴状　・dava dilekçesi, şikâyetname
・告知する　・bildirmek, haber vermek, ihbar etmek, tebliğ etmek
・告発　・üçüncü şahıs tarafından yapılan suçlama, itham, suç duyurusu
・告発状　・şikâyetname, iddianame, şikâyet mektubu
・戸籍抄本　・nüfus kaydının kısmi sureti
・戸籍謄本　・nüfus kaydının tam sureti
・護送　・eskort, muhafız
・誤想防衛　・hatalı meşru müdafaa
・国家公安委員会　・Ulusal Kamu Güvenlik Komisyonu
・誤判　・hatalı karar, yanlış büküm

【さ 行】

・罪刑法定主義　・suç ve cezalar konusunda kanunlara riayet ilkesi
・裁決　・hüküm, mahkeme kararı
・最高検察庁（最高検）　・Savcılar Yüksek Kurulu
・再抗告　・ikinci *kokoku* temyizi
・最高裁判所（最高裁）　・Yargıtay, Temyiz Mahkemesi
・最高裁判所長官　・Yargıtay Başkanı
・最高裁判所判事　・Yargıtay Hâkimi
・最終弁論　・müdafinin kapanış beyanatı
・罪証隠滅のおそれ　・delillerin yok edilme veya gizlenme ihtimali
・罪状認否　・sanığın iddialara cevabı
・再審　・tekrar yargılama; yargılamanın tekrar açılması
・再審開始決定　・tekrar yargılama kararı
・再審事由　・tekrar yargılama sebebi

- ・罪数 ・suç sayısı
- ・罪体 ・suçun maddi unsuru
- ・在庁略式手続 ・mahkeme binasında ya da savcılıkta, duruşma açmaksızın dava işlemlerinin dosya üzerinde bitirilmesi
- ・在廷証人 ・mahkeme huzurunda bulunan şahit
- ・再入国許可 ・ülkeye yeniden giriş izni
- ・採尿手続 ・idrar alma işlemi
- ・再犯 ・yeniden suç işleme, mükerreren suç işleme
- ・裁判 ・hüküm verme, hüküm
- ・裁判員 ・*Saiban-in,* jüri üyeleri; hukuk bilgisi olmayan haktan seçilmiş mahkeme üyeleri
- ・裁判員候補者 ・*Saiban-in* üye adayları, jüri üye adayları
- ・裁判員等選任手続 ・*Saiban-in* seçim işlemleri
- ・再犯加重 ・cürümde tekerrürden dolayı cezanın artırılması
- ・裁判官 ・Hâkim, Yargıç
- ・裁判官の面前における供述 ・hâkim önünde ifade verme
- ・裁判権 ・yargı yetkisi
- ・裁判所 ・mahkeme, adliye
- ・裁判所事務官 ・mahkeme memuru
- ・裁判所書記官 ・mahkeme kâtibi
- ・裁判所速記官 ・mahkeme stenografı
- ・再反対尋問 ・karşı tarafın tanığını tekrar sorguya çekme; tekrar çapraz sorgulama yapma
- ・裁判長 ・başhâkim
- ・裁判を受ける権利 ・yargılanma hakkı; ferdin mahkemeye müracaat hakkı
- ・財物 ・menkul ve gayrimenkul mallar
- ・罪名 ・suç ismi
- ・在留期間の更新許可 ・ikamet süresini yenileme izni

| | |
|---|---|
| ・在留資格 | ・ikamet statüsü |
| ・在留資格証明書 | ・ikamet statüsü sertifikası |
| ・裁量保釈 | ・mahkemece yapılan ihtiyari kefaletle tahliye |
| ・錯誤 | ・hata, yanlış |
| ・酒酔い・酒気帯び鑑識カード | ・alkol teşhis kartı, nefes kontrol kartı |
| ・差押え | ・haciz, zapt |
| ・差押調書 | ・haciz zaptı |
| ・差し戻す | ・iade etmek, geri göndermek |
| ・査証（ビザ） | ・vize |
| ・査証相互免除 | ・vizenin karşılıklı muafiyeti |
| ・参考人 | ・sorgulamaya tabi tutulan mağdur, tanık vb. gibi suç ile ilgili kişi |
| ・資格外活動許可 | ・ikamet statüsü dışında faaliyet izni |
| ・自救行為 | ・kendi kendini kurtarma fiili |
| ・死刑 | ・idam, ölüm cezası |
| ・事件受理 | ・bir davayı alma |
| ・時効 | ・zamanaşımı |
| ・事後審 | ・alt mahkeme kararının doğru olup olmadığını, sadece alt mahkemedeki dosyalara dayanarak yargılama usulü |
| ・自己に不利益な供述 | ・birinin kendi aleyhine olan ifadesi |
| ・自己負罪拒否特権 | ・kişinin kendi aleyhinde tanıklık yapmayı reddedebilme imtiyazı |
| ・自己矛盾の供述 | ・kişinin kendisiyle çatışan ifadesi |
| ・事実誤認 | ・olayların hatalı kabulü |
| ・事実審 | ・dava olayının sadece kanuni meselelerini değil olayları da inceleyen mahkeme |
| ・事実の錯誤 | ・olaylar ile ilgili hata |
| ・事実の取調べをする | ・olayın incelemesini yapmak |
| ・自首 | ・teslim olma, kendini ihbar etme |
| ・事前準備 | ・ön hazırlık |

| | |
|---|---|
| ・私選弁護人 | • özel tutulan müdafi |
| ・刺創 | • sivri uçlu bir âlet ile yapılan yara; bıçak yarası |
| ・死体検案書 | • ölü muayene raporu |
| ・辞退事由 | • *Saiban-in* görevinden çekilme gerekçesi |
| ・示談書 | • anlaşma belgesi |
| ・示談する | • mahkemeye gitmeden anlaşmak |
| ・次長検事 | • Savcılar Yüksek Kurulu Başsavcı Yardımcısı |
| ・市町村 | • Şehir, Kasaba ve Köy; belediye |
| ・市町村長 | • belediye başkanı |
| ・失火 | • ihtiyatsızlıktan yangına sebep olma |
| ・実況見分調書 | • olay yeri teftiş raporu |
| ・実刑 | • tecili olmayan hapis cezası |
| ・失血死 | • kan kaybından ölme, aşırı kanamadan ölme |
| ・執行 | • infaz, icra |
| ・実行行為 | • suç işleme eylemi |
| ・執行停止 | • infazın tecili, icranın tecili |
| ・実行の着手 | • suç işlemeye teşebbüse geçme, suçu ifaya başlama |
| ・執行猶予 | • ceza infazının ertelenmesi |
| ・質問票 | • anket (*Saiban-in* adaylarına yönelik) |
| ・指定医療機関 | • belirlenmiş sağlık kurumları |
| ・指定侵入工具 | • konut vb. yerlere girmek için kullanılan özel aletler |
| ・指定通院医療機関 | • ayakta tedavi için belirlenmiş sağlık kurumu |
| ・指定入院医療機関 | • yatarak tıbbî tedavi için belirlenmiş sağlık kurumu |
| ・刺突 | • bıçaklama; sivri uçlu bir âletle yaralama |
| ・児童買春 | • çocuk fuhuşu |

- 自白 ・itiraf etme
- 自費出国 ・kendi masraflarıyla ülkeden ayrılma
- 事物管轄 ・dava olaylarının özellik ve içerik farkı baz alınarak karar verilen yetki
- 司法警察員 ・adlî polis memuru
- 司法警察職員 ・adlî polis memurları
- 司法巡査 ・adlî polis
- 死亡診断書 ・ölüm ilmühaberi
- 始末書 ・yazılı tarziye verme, yazılı özür dileme
- 氏名照会回答書 ・hüviyet tahkikatına cevap belgesi
- 指紋照会回答書 ・parmak izi tahkikatına cevap belgesi
- 社会通念 ・toplumsal görüş, toplumca benimsenmiş düşünceler, sağduyu
- 社会的相当行為 ・toplumsal olarak savunulabilir eylem
- 社会に復帰することを促進する ・topluma kazandırmayı teşvik etmek
- 社会復帰調整官 ・topluma kazandırma görevlisi
- 釈放 ・tahliye, cezaevinden salıverilme
- 釈明 ・izahat, açıklama
- 酌量減軽 ・hafifletici sebeplerden cezanın azaltılması
- 写真撮影報告書 ・fotoğraf çekme hakkında inceleme raporu
- 遮へい ・saklamak, perdelemek
- 重過失 ・ağır ihmal, büyük gaflet, büyük kusur
- 収容 ・gözaltı; ıslah kurumuna götürme
- 住居 ・mesken, konut, ikametgâh
- 就職禁止事由 ・Mesleki durumu nedeni ile *Saiban-in* atanamayacak kişiler
- 囚人 ・mahkûm, tutuklu, hükümlü
- 自由心証主義 ・delillerin değer hükmünü hakimin takdirine bırakan prensip
- 周旋する ・aracılık etmek
- 重大な事実の誤認 ・olaylar üzerine yapılan ağır hata

- （重大な）他害行為 ・başkalarının (ağır) zarar görmesine neden olan fiiller
- 自由な証明 ・kanunda belirtilen gerekli koşulların, delil ehliyeti ya da delil tetkik işlemi konularından herhangi biri hakkında yetersiz olduğu ispat
- 従犯 ・ikinci derecede suç ortağı; yardımcı; yardakçı
- 主観的違法要素 ・öznel hukuka aykırılık unsurları
- 酒気帯び ・içkili, alkollü olma
- 主刑 ・asıl ceza
- 受刑者 ・mahkûm, tutuklu
- 主尋問 ・direkt sorgulama; tanık talebini yapan ilgili kişinin ilk olarak yaptığı sorgulama
- 受訴裁判所 ・davayı üstlenen mahkeme
- 受託裁判官 ・davayı üstlenen mahkeme tarafından gelen taleple delil incelemesi, sorgulama vs. işlemleri yapan başka mahkemenin hakimi
- 出国命令 ・ülkeden çıkış emri
- 出頭 ・bizzat hazır bulunma
- 出頭命令 ・bizzat hazır bulunma emri
- 出入国記録 ・ülkeye giriş çıkış kaydı
- 主任弁護人 ・baş müdafaa vekili, baş müdafi
- 主犯 ・baş suçlu
- 主文（判決主文） ・asıl metin; karar metni ('sonuç kısmı)
- 受命裁判官 ・baş hâkim tarafından görevlendirilen hâkim
- 主要事実 ・kanun sonucunun vuku bulması için gerekli olay; başta gelen olay
- 準起訴手続 ・görevi suistimal suçu konusunda ithamda bulunan kişinin, savcının takipsizlik kararına itirazı olması durumunda, mahkemeye olayla ilgili yargılama yapılmasını talep edebildiği işlem

| | |
|---|---|
| ・準抗告 | ・hakimce yapılan sabit mahkemeye veya savcı, savcılık memuru, adli polis memurlarınca yapılan işleme itirazı olan kimsenin iptal veya değişiklik talebi |
| ・巡査 | ・polis memuru |
| ・巡査長 | ・kıdemli polis |
| ・巡査部長 | ・komiser muavini |
| ・遵守事項 | ・kanun, kural, örf vb.'ye itaat edilmesi gereken hususlar |
| ・照会 | ・malûmat, soruşturma, tahkikat |
| ・傷害 | ・bedeni zarar verme |
| ・召喚 | ・çağrı, celp, resmi emirle davet |
| ・召喚状 | ・mahkeme çağrı emri, celpname |
| ・召喚する | ・çağırmak, celp etmek |
| ・情況（状況） 証拠 | ・duruma (koşullara) dayanan kanıt, dolaylı kanıt, emare |
| ・証言 | ・tanıklık |
| ・証拠 | ・delil |
| ・証拠開示 | ・delillerin açıklanması, delillerin ifşası |
| ・上告 | ・jokoku temyizi |
| ・上告趣意書 | ・jokoku temyizinin amaç ve sebeplerinin yazılı olduğu rapor |
| ・上告審 | ・jokoku temyiz yargılaması |
| ・上告理由 | ・jokoku temyiz sebebi |
| ・証拠決定 | ・delillerin kabul veya ret kararı |
| ・証拠書類 | ・delil teşkil eden belgeler, yazılı delil |
| ・証拠調べ | ・delillerin tetkiki |
| ・証拠資料 | ・delil teşkil eden materyaller, veriler |
| ・証拠説明 | ・delillerin izahı |
| ・証拠等関係カード | ・deliller vs. ile ilgili kart |
| ・証拠能力 | ・delil ehliyeti |
| ・証拠の提示 | ・delillerin ibrazı |

・証拠の標目 ・delil listesi, delillerin dökümü

・証拠排除 ・delilin ortadan kaldırılması veya delilin kabul edilmemesi

・証拠物 ・maddidelil

・証拠方法 ・hakimin olayın doğru olup olmadığına dair kanı edinmek için sorguladığı tanık ya da incelediği eşya

・証拠保全 ・delillerin korunması, muhafazası

・常習性 ・tekrarlama alışkanlığı, yeniden suç işleme eğilimi

・常習犯 ・suçu alışkanlık haline getirmiş olan, mükerrer suçlu, sabıkalı

・情状 ・şart, ahval, hal; bir fiilin meydana gelişi veya oluşu sırasında mevcut olan veya oluşunu etkileyen şartlar

・情状酌量 ・cezayı hafifletici şartların göz önünde bulundurulması

・上申書 ・yazılı rapor

・上訴 ・itiraz, bir üst mahkemeye yeniden tahkikat talebi

・上訴権者 ・üst mahkemeye yeniden tahkikat talebi hakkına sahip kimse veya talep eden kişi

・上訴裁判所 ・temyiz mahkemesi; kararın değişmesi için başvuru olduğu takdirde duruşmanın yapıldığı üst dereceli mahkeme

・上訴趣意書 ・temyiz talep eden kişinin başvuru sebep bildirisi

・上訴提起期間 ・itiraz başvurusunun ibraz süresi

・上訴の取下げ ・itiraz başvurusunun geri alınması

・上訴の放棄 ・itiraz başvurusundan vazgeçme, feragat

・焼損する ・yakıp yıkmak; yakılıp yıkılmak

・証人 ・şahit, tanık

・証人尋問 ・tanığın sorguya çekilmesi

・証人尋問調書 ・tanığın sorguya çekilme zaptı

| | |
|---|---|
| ・少年 | ・erkek çocuk, genç, delikanlı |
| ・少年院 | ・ıslahevi |
| ・少年刑務所 | ・çocuk hapishanesi |
| ・条文 | ・madde, fıkra, bent |
| ・小法廷 | ・Yargıtay'ın üstlendiği olayı ilk yargılayan mahkeme heyeti |
| ・抄本 | ・orijinal evrakın kısmi sureti |
| ・証明予定事実 | ・ispat edilecek gercekler |
| ・証明力 | ・ispat gücü |
| ・条約 | ・antlaşma |
| ・上陸拒否事由 | ・karaya çıkmayı reddetme sebebi |
| ・条例 | ・yönetmelik,tüzük |
| ・処遇事件 | ・delilik vb. akıl hastası kişilerin başkalarının zarar görmesine neden olduğu olaylar |
| ・嘱託する | ・görevlendirmek, görev vermek |
| ・職務質問 | ・polis sorgusu |
| ・職務従事予定期間 | ・*Saiban-in* sisteminde görev için tahmin edilen süre |
| ・所持品検査 | ・polis tarafından yapılan üst araması |
| ・書証 | ・yazılı beyyine, yazılı delil |
| ・除斥 | ・hakim, kâtip vb.'nin eşit bir muamelede bulunmayacağına dair belirgin bir sebep olması durumunda ehliyetin düşürülmesi |
| ・処断する | ・yargılayıp karar vermek; ceza vermek |
| ・職権 | ・resmi yetki, otorite |
| ・職権証拠調べ | ・mahkemenin kendi yetkisine dayanarak yaptığı delil incelemesi |
| ・職権調査 | ・mahkemenin kendi otoritesine dayanarak yaptığı soruşturma |
| ・職権保釈 | ・talep beklemeksizin mahkemenin kendi kararı ile kefaletle tahliye izni vermesi |
| ・職権濫用 | ・görevi suistimal, görevi kötüye kullanma |

| | |
|---|---|
| ・処罰条件 | ・cezalandırma şartları |
| ・初犯 | ・ilk suç |
| ・署名 | ・imza |
| ・資力申告書 | ・(kişinin) Varlık Beyan Belgesi |
| ・信義則 | ・güven ve sadakat prensibi |
| ・人権擁護局 | ・İnsan Hakları Muhafaza Dairesi |
| ・親告罪 | ・cezaî takibatı şikâyete bağlı suçlar |
| ・審査補助員 | ・Tahkikât İnceleme Komite Asistanı |
| ・心証 | ・takdir, kanaat, intiba |
| ・身上照会回答書 | ・kişisel durum, aile geçmişi ile ilgili soruşturmaya verilen cevap belgesi |
| ・心神耗弱 | ・iradesizlik, yarı delilik |
| ・心神喪失 | ・akıl hastalığı, delilik |
| ・審尋 | ・dinleme, sorgulama |
| ・人身取引 | ・insan kaçakçılığı, insan ticareti |
| ・真正な | ・gerçek, doğru, orijinal, muteber |
| ・親族相盗 | ・akrabalar arasında yapılan hırsızlık |
| ・身体検査 | ・fiziksel muayene, üst arama |
| ・身体検査令状 | ・fiziksel muayene emri, üst arama emri |
| ・診断書 | ・doktor raporu |
| ・人定質問 | ・kimlik tespiti için sanığa soru sorma |
| ・シンナー | ・tiner |
| ・審判 | ・dava, duruşma |
| ・審判期日 | ・dava günü, duruşma günü |
| ・審判調書 | ・dava kayıtları, duruşma kayıtları |
| ・尋問事項 | ・sorgu maddeleri |
| ・尋問する | ・sorguya çekmek |
| ・信用性 | ・inanılırlık, güvenilirlik |
| ・信頼の原則 | ・makul bir fiilin güvenilirlik prensibi |

| | |
|---|---|
| ・審理不尽 | ・erken karar; mahkemenin dava olayıyla ilgili olarak layıkıyla yargılama yapmaması |
| ・推定する | ・tahmin etmek |
| ・性格異常 | ・kişilik rahatsızlığı, karakterde düzensizlik |
| ・生活環境 | ・yaşam şartları |
| ・税関 | ・Gümrük |
| ・請求による裁判員等の解任 | ・talep üzerine *Saiban-in* görevinden alma |
| ・正式裁判 | ・resmi yargılama |
| ・正式裁判請求 | ・resmi yargılama talebi |
| ・精神鑑定 | ・akli denge durumu hakkında uzman raporu |
| ・精神障害者 | ・zekâ engelli |
| ・精神障害を改善する | ・zeka engelli kişinin tedavisi |
| ・精神病 | ・akıl hastalığı |
| ・精神病質 | ・kişilik anormalliği sebebiyle kişinin kendisinin ya da toplumun zor durumda kaldığı karakter |
| ・精神保健観察 | ・ruh sağlığı incelemesi |
| ・精神保健参与員 | ・ruh sağlığı danışmanı |
| ・精神保健指定医 | ・belirlenmiş ruh sağlığı doktoru |
| ・精神保健審判員 | ・Ruhsal Bozukluklar ile İlgili Davalarda Atanmış Doktor |
| ・精神保健判定医 | ・Ruhsal Bozukluklar ile İlgili Davalarda Yargılama Yapabilecek Doktor |
| ・精神保健福祉士 | ・Ruh Sağlığı Sosyal Hizmet Görevlisi |
| ・正当業務行為 | ・meşru vazifece yapılan iş veya fiil |
| ・正当防衛 | ・meşru müdafaa, nefsi müdafaa |
| ・正犯 | ・suçlu, suç işleyen |
| ・正本 | ・mahkeme kararı orijinalini temel alarak mahkeme kâtibinin yazdığı, orijinaliyle aynı geçerliliğe sahip olan metin |
| ・声紋 | ・ses analiz grafiği |

| | |
|---|---|
| ・政令 | ・kanun hükmünde kararname; kabine kararnamesi |
| ・責任 | ・sorumluluk |
| ・責任軽減事由 | ・cezaî sorumluluğu hafifleştiren sebepler |
| ・責任阻却事由 | ・suç oluşumu için gerekli şartlardan biri olan sorumluluğu etkisiz duruma getiren sebepler |
| ・責任能力 | ・yeterlik, ehliyet, cezaî sorumluluk |
| ・責任無能力者 | ・cezaî sorumluluk taşımayan kimse |
| ・責任要素 | ・sorumluluk teşkil eden unsurlar |
| ・責問権の放棄 | ・adlî işleme ait hataya itiraz hakkından vazgeçme, feragat |
| ・是正命令 | ・tashih emri, düzeltme emri |
| ・接見 | ・şüpheli veya sanıkla müdafi vb. arasındaki görüşme |
| ・接見禁止 | ・görüş yasağı |
| ・接見交通 | ・müdafi veya müdafi adayıyla gözcüsüz görüşebilip evrak, eşya alabilme |
| ・窃取 | ・çalma, hırsızlık |
| ・絶対的控訴理由 | ・*Koso* temyizi için katı sebepler |
| ・是非弁別 | ・doğru ve yanlışı ayırt etme |
| ・前科 | ・sabıka kaydı |
| ・前科調書 | ・sabıka kayıt raporu |
| ・宣告する | ・resmen beyan etmek, resmî ve sözlü olarak bildirmek |
| ・宣誓 | ・yemin |
| ・専属管轄 | ・münhasır yargı hakkı ve yetkisi; belli bir mahkemeye mahsus yargı hakkı ve yetkisi |
| ・選任決定 | ・*Saiban-in* atama kararı |
| ・選任予定裁判員 | ・*Saiban-in* olarak atanması planlanan kişi |
| ・訴因 | ・dava dilekçesinde veya iddianamede ayrı ayrı bent olarak sayılan münferit sebep ve iddialar |

・訴因変更 ・sebep ve iddiaların değiştirilmesi
・訴因を明示する ・sebep ve iddiaları açıkça belirtmek
・捜査 ・araştırma, soruşturma, tahkikat, tetkik
・捜査機関 ・soruşturma teşkilatı
・捜査記録 ・soruşturma kaydı
・捜索 ・arama
・捜索差押許可状 ・arama ve haciz müsaade müzekkeresi
・捜索差押調書 ・arama ve haciz zaptı
・捜索状 ・arama emri
・捜索調書 ・arama zaptı
・捜査照会回答書 ・soruşturma talebine cevap belgesi
・捜査状況報告書 ・soruşturma durum raporu
・送達する ・dava ile ilgili dosyaları ilgili şahıslara göndermek, tebliğ etmek, bildirmek
・送致する ・olay ile ilgili dosyalar, deliller veya sanığı adlî polisten savcıya veya bir savcılıktan başka bir savcılığa göndermek
・相当因果関係 ・makul, mantıklı nedensellik
・相当な理由 ・tatmin edici sebep
・遡及処罰の禁止 ・makabline şamil ceza yasağı; önceki kanun çerçevesinde suç sayılmayan fiili, sonradan yenilenen kanuna istinaden cezalandırmayı yasaklayan prensip
・即時抗告 ・hukuk davası 1 hafta, ceza davası 3 gün olan sabit sürede yapılması gereken itiraz başvurusu
・訴訟記録 ・dava kaydı
・訴訟係属 ・davanın görülmekte bulunması
・訴訟行為 ・adlî muamele
・訴訟指揮 ・duruşmaya başkanlık etme
・訴訟条件 ・takibatın yürütülmesi için gereken koşullar
・訴訟手続 ・dava işlemleri

・訴訟手続の法令違反 ・dava işlemlerinde hukuka aykırılık

・訴訟能力 ・adlî muamele yapma veya adlî muameleye tabi tutulma ehliyeti

・訴訟費用 ・dava masrafları

・速記 ・stenografi

・即決裁判手続 ・hızlandırılmış duruşma prosedürü

・疎明 ・hakimi olaylar hakkında karara vardırtan ilgili kişilerin fiili ve buna göre olayların doğruluğunu tahmin eden hakimin kanaati

・疎明資料 ・tutuklama emri vs. için talep durumunda, emrin gerekliğini belirtmek için polisin mahkemeye ibraz etmek zorunda olduğu materyaller

・損害賠償命令 ・zararı karşılama talimatı

## 【た 行】

・第一審 ・ilk yargılama

・退院 ・boşaltma, bırakma

・退去強制令書 ・mecburî ülke dışına çıkarma emri, sınır dışı etme emri

・大使 ・büyükelçi

・大使館 ・büyükelçilik

・対質 ・ifadelerde farklılık olma durumunda şahitlerin yüzleştirilip açıklama yaptırılması

・大赦 ・genel af

・対象行為 ・hedeflenen davranış

・対象事件 ・hedeflenen olay

・対象者 ・hedeflenen kişi

・退廷しなさい ・“mahkeme salonunu terk edin.”

・退廷命令 ・mahkeme salonunu terk emri

・逮捕 ・tevkif, yakalama, tutuklama

- 大法廷 ・Yargıtay'ın büyük mahkemesi; 15 hakimden oluşan mahkeme heyeti
- 逮捕状 ・tevkif müzekkeresi
- 大麻 ・esrar
- 大麻樹脂 ・esrar reçinesi
- 大麻草 ・esrar otu, kenevir
- 代用監獄 ・hapishane yerine kullanılan polis karakolundaki nezarethane
- 代理権 ・vekillik hakkı, temsilcilik hakkı
- 立会い ・hazır bulunma, orada bulunma
- 弾劾証拠 ・cumhurbaşkanı, bakan, hakim vs.'ye karşı suçlama için gösterilen kanıt
- 嘆願書 ・dilekçe
- 単独犯 ・yardakçısı olmayan suçlu
- 知的障害 ・zihinsel özür, zeka geriliği
- 地方検察庁（地検） ・Bölge Savcılığı
- 地方検察庁支部 ・Bölge Savcılık Şubesi
- 地方公共団体 ・yerel idare
- 地方裁判所（地裁） ・Bölge İdare Mahkemesi
- 地方裁判所支部 ・Bölge İdare Mahkeme Şubesi
- 地方法務局 ・Bölge Hukuki Meseleler Dairesi
- 注意義務 ・dikkat mükellefiyeti
- 中央更生保護審査会 ・Suçluları Topluma Kazandırma Ulusal Komitesi
- 中止犯 ・tamamlanmasından önce suç infazını durduran suçlu
- 中止未遂 ・failin kendi isteğiyle infazını durdurduğu suça teşebbüs
- 懲役 ・angaryalı hapis
- 長期３年以上 ・azami 3 yıl veya daha fazla
- 調書 ・zabıt, tutanak, yazılı ifade

| | |
|---|---|
| ・調書判決 | ・duruşma zaptının sonuna kararın yazılarak, zaptın karar belgesine dönüştürülmesi |
| ・直接証拠 | ・dolaysız delil, direkt delil |
| ・陳述する | ・sözlü veya yazılı ifade vermek |
| ・追完する | ・sonradan tamamlama |
| ・追起訴 | ・ek takibat; bir suçlamayla ilgili ilk yargılama sırasında, aynı sanıkla ilgili başka bir olayın birleştirilip yargılanması için, aynı mahkemede ilâve kovuşturma açma |
| ・追徴 | ・müsadere edilebilecek olan eşyaların müsadere edilememesi durumunda, eşyaların eş değerli ücretinin tahsil edilmesine yönelik yaptırım |
| ・追徴保全 | ・eş değerli ücretinin geçici olarak hacze alınarak muhafaza edilmesi |
| ・通院期間の延長 | ・ayakta tıbbî tedavi süresinin uzatılması |
| ・通常逮捕 | ・adî tevkif; önceden çıkarılan tevkif müzekkeresi ile yakalama |
| ・通達 | ・üst kuruluşun alt kuruluşa veya memurlarına verdiği talimat bildirisi |
| ・通訳 | ・tercümanlık |
| ・付添い | ・eşlik etme, refakat etme |
| ・付添人 | ・eşlik eden kişi |
| ・つきまとい | ・takipçi, tacizci |
| ・罪となるべき事実 | ・bir suçu oluşturan unsurlar |
| ・罪を犯したことを疑うに足りる充分な理由 | ・suç işlendiğine dair şüphelenmeye yeterli sebepler |
| ・罪を行い終わってから間がない | ・bir suç işleme fiilinin tamamlanmasından hemen sonra |
| ・連戻状 | ・kaçan çocuğu gözetim altına geri getirme yetkisi |
| ・連れ戻す | ・kaçan çocuğun gözetim altına getirilmesi |
| ・ＤＮＡ鑑定 | ・DNA testi |

| | |
|---|---|
| ・提出命令 | ・ibraz emri |
| ・廷吏 | ・muhzır, mübaşir |
| ・撤回 | ・geri alma, iptal etme |
| ・電子計算機 | ・bilgisayar |
| ・電磁的記録 | ・elektromanyetik kayıtlar |
| ・伝聞供述 | ・bir tanığın başka bir kimseden aldığı habere dayanarak verdiği ifade |
| ・伝聞証拠 | ・çapraz sorgulama şansı olmayan, başkasından işitilen hususların tekraren beyanından ibaret olan delil |
| ・伝聞法則 | ・başkasından işitilen hususların tekraren beyanının kanıt ehliyetini tanımama prensibi |
| ・電話聴取書 | ・telefon vasıtasıyla yapılan sorgulamada alınan ifade zaptı; telefonda alınan ifadenin kayıt zaptı |
| ・同意 | ・razı olma, muvafakat |
| ・道義的責任 | ・ahlâkı sorumluluk |
| ・統合失調症 | ・şizofreni |
| ・同行状 | ・mahkeme celbi |
| ・同行する | ・eşlik etmek, refakat etmek |
| ・当事者 | ・ilgili kişi |
| ・謄写する | ・kopya etmek |
| ・盗聴 | ・gizlice dinleme |
| ・答弁書 | ・sorulara karşı verilen cevap veya mazeretin yazılı olduğu belge |
| ・謄本 | ・orijinalin kopyası; tasdikli suret |
| ・特殊開錠用具 | ・kilit açmak için özel aletler |
| ・特定侵入行為 | ・meskene tecavüz ile ilgili eylem |
| ・特に信用すべき情況（特信情況） | ・özellikle güvenilir şartlar, güvenilirliği destekleyen koşullar |

・特別抗告 ・özel *kokoku*; temyiz edilememe hüküm veya emrine karşı, anayasayı ihlâl sebebinden Yargıtay'a yapılan *kokoku* itiraz başvurusu

・特別弁護人 ・özel müdafi

・土地管轄 ・mahkemenin yargı hakkını kullanabildiği bölge

・都道府県公安委員会 ・Valilik Toplum Güvenlik Komisyonu

・取り消す ・iptal etmek, ortadan kaldırmak, feshetmek

・取り下げる ・geri almak, geri çekmek

・取り調べる ・sorular sormak, sorguya çekmek, tetkik etmek, incelemek

・トルエン ・tolüen

【な　行】

・内閣府 ・Kabine Ofisi

・捺印 ・mühür basma veya basılan mühür

・二重の危険 ・aynı suçtan dolayı iki defa mahkeme huzuruna çıkarılma

・日本司法支援センター（法テラス） ・Japonya Hukuki Yardım Merkezi

・入院 ・hastaneye yatırma

・入院継続の確認 ・yatarak tıbbî tedavinin sürdürülmesini bildirmek

・入院によらない医療 ・hastanede yatmayı gerektirmeyen tıbbi tedavi

・入院を継続する ・yatarak tıbbî tedaviyi sürdürmek

・入国 ・ülkeye giriş

・入国管理局 ・Bölge göçmen bürosu

・入国管理局出張所 ・Bölge göçmen bürosu yetkili şubesi

・入国管理センター ・Göçmen Merkezi

・入国者収容所 ・Göçmen Nezarethanesi

・入国審査官 ・Göçmen burosu tetkik memuru

| | |
|---|---|
| ・入国手続 | ・ülkeye giriş işlemleri |
| ・任意性 | ・ihtiyarî, isteğe bağlı, gönüllü |
| ・任意捜査 | ・ihtiyari soruşturma |
| ・任意提出書 | ・ihtiyari ibraz edilen delil materyalleri formu |
| ・任意的弁護事件 | ・yargılamada müdafiin gerekli olmadığı olay |
| ・任意同行 | ・ihtiyari olarak karakol vs.' ye eşlik etme |
| ・脳挫傷 | ・beyin dokusunda ezik |

## 【は　行】

| | |
|---|---|
| ・売春 | ・fahişelik |
| ・売春周旋 | ・kadın sağlamak, kadın bulmak |
| ・陪席裁判官 | ・toplu mahkeme üyesi |
| ・破棄移送 | ・alt mahkemede çıkan kararın üst mahkeme tarafından feshedilip, alt mahkeme dışındaki diğer bir mahkemeye transfer edilmesi |
| ・破棄差戻し | ・üst mahkemenin bir önceki hükmü feshedip, olayı bir önceki yargılamaya iade etmesi |
| ・破棄自判 | ・üst mahkemenin, alt mahkemede çıkan kararı feshedip bizzat kendi karar vermesi |
| ・破棄する | ・üst mahkemenin alt mahkeme kararını feshetmesi |
| ・破棄判決 | ・önceki kararı feshetme hükmü |
| ・罰金 | ・para cezası |
| ・ハッシシ（ハッシシュ） | ・haşhaş |
| ・罰条 | ・cezaları tarif eden kanun maddeleri |
| ・犯意 | ・suç işleme niyeti, cürüm kastı |
| ・判決 | ・hüküm, mahkeme kararı, karar, yargı |
| ・判決書 | ・mahkeme karar belgesi |
| ・判決に影響を及ぼすことが明らか | ・karara etki edebileceği açık, aşikâr |

- 判決の宣告 ・karar ilanı, karar bildirisi
- 判決理由 ・hüküm sebebi, karar sebebi
- 犯行 ・suç işleme
- 犯罪 ・suç, cürüm
- 犯罪行為を組成した物（犯罪組成物件） ・suç unsuru teşkil eden eşya
- 犯罪事実 ・suçu oluşturan olaylar
- 犯罪収益 ・suç geliri
- 判事 ・hâkim, yargıç
- 判示する ・hüküm vermek; hükümde gerekçeleri açıklamak
- 判事補 ・hâkim yardımcısı
- 反証 ・karşılıklı delilin ortaya konulması
- 犯情 ・suç işleme koşulları
- 反則金 ・trafik cezası
- 反対尋問 ・çapraz sorgulama, karşı tarafın şahidine soru sorma
- 判例 ・geçmiş mahkeme örneği
- 判例違反 ・Bölge İdare Mahkemesi vs.'nin Yargıtay veya Yüksek Mahkeme kararıyla zıtlaşan karar vermesi
- 判例変更 ・Yargıtay tarafından daha önce çıkarılan kararın değiştirilmesi
- 犯歴 ・sabıka ve tevkif üzerine cezai kayıt
- 被害者 ・zarar gören kişi, mağdur
- 被害者還付 ・mağdura geri iade
- 被害者参加人 ・katılımcı mağdur, dava işlemlerine iştirak eden mağdur
- 被害者参加弁護士 ・dava işlemlerine iştirak eden mağdur avukatı
- 被害者特定事項 ・mağdurun kimlik bilgileri
- 被害届 ・vaka raporu; mağdur raporu
- 被疑者 ・şüpheli, sanık, maznun

・非供述証拠 ・tanıklığa dayanmayan kanıt
・非行 ・gayriahlaki fiil, yasadışı fiil, çocuk suçları
・被告事件 ・cezaî dava; iddia edilen olaylar
・被告人 ・sanık
・被告人の退廷 ・sanığın mahkeme salonundan ayrılması
・被収容者 ・tutuklu; gözaltına alınan kimse
・非常上告 ・karar verildikten sonra, söz konusu duruşmanın hakiminin kanuna aykırı hareket ettiği gerekçesiyle talep edilebilen olağanüstü jokoku temyizi
・左陪席裁判官 ・baş hâkimin sol tarafında oturan hâkim; toplu mahkeme üyesi
・ピッキング用具 ・kilit açmaya yarayan özel aletler
・筆跡 ・el yazısı
・必要的弁護事件 ・müdafi olmazsa duruşmanın açılamayacağı olay
・必要的保釈 ・talep durumunda mecburi kefaletle tahliye
・ビデオリンク ・video bağlantı sistemi
・秘匿決定 ・mağdurun kimlik bilgilerinin gizli tutulma kararı
・否認 ・inkâr, ret
・評議 ・danışma
・評決 ・karar, hüküm
・被略取者 ・kaçırılan kimse
・不意打ち ・sürpriz, ani saldırı, beklenmeyen fiil
・附加［付加］刑 ・ek ceza
・不可抗力 ・karşı konulamaz güç, kaçınılmaz, olması muhakkak
・不可罰的事後行為 ・olaydan sonra cezalandırılmayan fiil
・不起訴処分 ・takipsizlik kararı
・副検事 ・savcı yardımcısı

- 不告不理の原則 ・savcı tarafından suçlama ibraz edilmezse, mahkemenin yargılama yapamama prensibi
- 不作為犯 ・etkin bir fiil yapılmaksızın işlenen suç
- 婦人補導院 ・Kadınlara Rehberlik Evi
- 不選任の決定 ・*Saiban-in* atamama kararı
- 物的証拠 ・mahkemeye delil tevdi olunan maddî eşyalar; maddî delil
- 不定期刑 ・süresi belirsiz ceza
- 不適格事由 ・*Saiban-in* sisteminde üyelik için uygun düşmeme gerekçesi
- 不同意 ・razı olmama
- 不当逮捕 ・haksız tevkif, kötü niyetle tutuklama
- 不能犯 ・suç işlemeye olanaksız girişim
- 不服申立て ・itiraz başvurusu, şikâyet başvurusu
- 部分判決 ・kısmi karar
- 不法在留 ・yasadışı kalma
- 不法残留 ・yasadışı kalma, vizesiz fazla kalma
- 不法入国 ・ülkeye kaçak giriş, yasadışı giriş
- 不法領得の意思 ・başkalarına ait şeyleri haksız mal edinme niyeti
- 不利益な事実の承認 ・aleyhte iddiaları kabul eden sanığın ifadesi
- 不利益変更の禁止 ・temyiz mahkemesinin sanığa alt mahkemeden daha aleyhte bir mahkeme yapılmasını yasaklaması
- 併科する ・birden fazla cezaları birleştirip cezalandırmak
- 併合決定 ・birleştirme kararı
- 併合罪 ・aynı şahsın işlediği suçları birleştirme
- 併合する ・birleştirmek
- 別件逮捕 ・soruşturma için kanıtı olan başka bir suçtan istifade ederek tutuklama emri çıkartıp yakalama

・別の合議体による裁判所 ・başka bir komiteden oluşan mahkeme
・弁解録取書 ・sanığın savunma raporu
・弁護士 ・avukat
・弁護士会 ・baro
・弁護人 ・müdafi
・弁護人依頼権 ・müdafi talep hakkı
・弁護人選任権 ・müdafi tayin hakkı
・変造 ・değiştirme, tebdil etme
・弁論 ・sözlü iddia ( 口頭弁論 ) son mütalâa ( 最終弁論 )
・弁論再開 ・iddiaların yeniden başlaması, devamı
・弁論終結 ・iddiaların sonucu
・弁論能力 ・mahkemenin dava işlemlerine katılıp özellikle duruşma gününde ifade ve sorgulama gibi çeşitli işlemler yapabilme ehliyeti
・弁論分離 ・tek işlemde bileşik incelenmekte olan iddiaları ayıran mahkeme işlemi
・弁論併合 ・ayrı ayrı incelenmekte olan iddiaların birleştirilme işlemi
・弁論要旨 ・müdafi tarafından yapılan iddia özeti
・防衛の意思 ・nefsi müdafaa niyeti, meşru müdafaa kastı
・包括一罪 ・kapsamlı tek suç, şümullü tek suç
・謀議 ・suç işleme konusunda anlaşma; gizli ittifak
・防御権 ・müdafaa hakkı
・暴行 ・saldırı, zor kullanma
・傍受 ・elektronik iletişimin dinlenmesi, telefon dinleme
・幇助する ・suç işlemeye yardım etmek, kolaylaştırmak
・幇助犯 ・suç ortağı, yardakçı, yardımcı

| | |
|---|---|
| ・法人 | ・hükmî şahıs; tüzelkişi |
| ・傍聴席 | ・mahkeme salonundaki izleyicilerin yeri |
| ・傍聴人 | ・seyirci, izleyici, dinleyici |
| ・法廷 | ・mahkeme; mahkeme salonu |
| ・法定刑 | ・kanunda belirlenen cezalar |
| ・法廷警察権 | ・mahkeme salonunun düzenini sağlamak için gerekli yaptırımda bulunma yetkisi |
| ・法定代理人 | ・kanuni vekil, temsilci |
| ・法定手続の保障 | ・yasal işlemlerin güvencesi |
| ・冒頭陳述 | ・açılış beyanatı; savcının delillerle ispatlamaya çalışacağı somut olayları ortaya koyması |
| ・法の不知 | ・hukukî bilgisizlik |
| ・法の下の平等 | ・hukuk önünde eşitlik |
| ・方法の錯誤 | ・usul, yöntem hatası |
| ・法務局 | ・Hukukî Meseleler Dairesi |
| ・法務省 | ・Adalet Bakanlığı |
| ・法律 | ・kanun, hukuk |
| ・法律上の減軽 | ・kanunî olarak cezanın hafifletilmesi |
| ・法律の錯誤 | ・yapılan fiilin kanunen affedilemeyeceğini bilmeme; affedileceği konusunda yanlış kanı |
| ・法律の適用 | ・kanunun uygulanması |
| ・法律審 | ・kanuni emirlerin ihlal edilip edilmediğini araştıran sorgulama |
| ・暴力団 | ・çete, yeraltı dünyası, mafya |
| ・法令 | ・hukuk; kanun ve tüzükler |
| ・法令適用の誤り | ・hukuku uygulama hatası |
| ・保護観察 | ・göz hapsinde tutma koşuluyla salıverme |
| ・保護観察官 | ・Vesayet Memuru |
| ・保護観察所 | ・Vesayet Dairesi |
| ・保護司 | ・gönüllü vesayet memuru |

・保護者 ・vasi, veli
・保護法益 ・kanun tarafından muhafaza altında olan kamu ve özel menfaat
・保護命令 ・koruma emri
・保佐監督人 ・veli danışmanı
・補佐人 ・himaye emri
・保佐人 ・müdahil; sanığın danışman vekili
・保釈 ・kefaletle tahliye
・保釈取消し ・kefaletle tahliyenin iptali
・保釈保証金 ・kefalet parası
・補充員 ・savcılık soruşturması için komite ilave üyesi
・補充裁判員 ・*Saiban-in* ilave üyeleri
・補充書 ・ilave belge, tamamlayıcı belge
・補助監督人 ・asistan danışman
・補助人 ・asistan
・没取 ・bir eşyanın sahiplik hakkının düşürülerek devlet hazinesine taşınması haciz
・没収する ・müsadere, haciz etmek
・没収保全 ・geçici olarak hacze alınarak muhafaza etme
・ポリグラフ検査 ・poligraf testi,yalan makinası testi
・本籍 ・asıl ikamet yeri, daimi ikamet yeri, nüfus kaydının olduğu yer

【ま 行】

・麻薬 ・narkotik, uyuşturucu
・麻薬常習者 ・uyuşturucu bağımlısı
・マリファナ ・marihuana
・右陪席裁判官 ・baş hâkimin sağ tarafında oturan hâkim; toplu mahkeme üyesi
・未決勾留 ・cezaî tahkikat sırasında tutukluluk

| | |
|---|---|
| ・未遂 | ・tamamlanmayan suça teşebbüs |
| ・未成年者 | ・gayri reşit |
| ・密売者 | ・gayrimeşru satıcı |
| ・密輸出 | ・ihracat kaçakçılığı |
| ・密輸入 | ・ithalat kaçakçılığı |
| ・未必の故意 | ・suç işleme niyeti olmasa bile fiilin nasıl bir sonuç getirebileceğini bilerek hareket etme durumu |
| ・身分犯 | ・statü, konum, mevki suçu; suçlunun statüsüne bağlı olan suç oluşumu |
| ・無期懲役 | ・angaryalı müebbet hapis |
| ・無罪 | ・suçsuz |
| ・無罪の推定 | ・suçsuzluk tahmini |
| ・無銭飲食 | ・ödeme niyeti olmaksızın yiyip içme |
| ・無断退去者 | ・tıbbî tedaviyi izinsiz terk eden kişi |
| ・無賃乗車 | ・biletsiz toplu taşıma araçlarını kullanma |
| ・無能力者 | ・ehliyetsiz, yetersiz |
| ・酩酊 | ・sarhoşluk, alkollü olma |
| ・命令 | ・buyruk, emir, talimat |
| ・免訴 | ・genel af, davanın zamanaşımı vb. gibi harici sebeplerden ötürü duruşma işlemlerine son verme, davanın düşmesi; salıverilme |
| ・毛髪鑑定 | ・saç örneği testi |
| ・黙秘権 | ・konuşmama hakkı |

## 【や　行】

| | |
|---|---|
| ・薬物犯罪収益 | ・yasadışı ilaç suçundan elde edilen kazanç |
| ・やむを得ずにした行為 | ・elde olmadan yapılan fiil |
| ・誘引 | ・teşvik, yönlendirme, kandırma |
| ・有期懲役 | ・belirli, sabit süreli angaryalı hapis |
| ・有罪 | ・suçluluk; suçlu bulunma |

・宥恕　・affetme

・誘導尋問　・telkine dayalı soru

・ゆすり　・şantaj yapıp zorla para alma

・予見可能性　・önceden görebilme, sezme

・余罪　・asıl suç dışındaki diğer suç

・予断排除　・önyargıdan kaçınma

・予備　・suça hazırlık

・呼出状　・celpname, mahkeme çağrı emri

・呼び出す　・celp etmek, mahkemeye çağırmak

・予備的訴因　・ek sebep ve iddialar

## 【ら　行】

・立証趣旨　・ispatın özü, anlamı, amacı

・立証する　・ispat etmek, kanıtlamak

・立証責任　・ispat sorumluluğu

・略式手続　・seri muhakeme usulü; dava işleminin dosya üzerinde bitirilmesi

・略式命令　・seri muhakeme işlemi yapılan yargılama; dava işleminin dosya üzerinde bitirilmesine yönelik yargılama

・略取　・adam kaldırma; yağma, gasp

・留置施設　・nezarethane, tutukevi

・理由のくいちがい　・sebeplerin tezatlığı

・理由の不備　・sebeplerin eksikliği, sebeplerin yetersizliği

・理由を示さない不選任の請求　・*Saiban-in* sisteminde nedeni belirtilmeyen atamama talebi

・量刑　・Cezalandırma

・量刑不当　・haksız ceza, uygunsuz cezalandırma

・領事　・konsolos

・領事館　・konsolosluk

・領収書　・makbuz, fatura

| | |
|---|---|
| ・領置 | ・emir belgesi olmayan haciz |
| ・領置調書 | ・haciz zaptı |
| ・両罰規定 | ・müşterek ceza hükmü |
| ・旅券（パスポート） | ・pasaport |
| ・輪姦 | ・birden fazla erkek tarafından bir bayanın zorla ırzına geçilmesi |
| ・臨検 | ・teftiş etme, denetleme; devlet memurlarının başkalarının evi, işletmesi, ofisi vb.'ne inceleme için girmesi |
| ・臨床尋問 | ・hasta olan tanığın bulunduğu yerde mahkeme tarafından sorgulanması |
| ・類推解釈 | ・benzetiş yorumu; kanun hükmü olmayan hususlar hakkında, benzer hususların hükmüne bakarak yorum yapma |
| ・累犯 | ・suç tekerrürü, tekrar suç işleme |
| ・令状 | ・mahkeme emri, müzekkere |
| ・連行する | ・sorgulama için getirmek; polis karakoluna götürmek |
| ・労役場留置 | ・para cezasını ödeyemeyenleri hapishanedeki angarya yerinde tutma |
| ・録音 | ・ses kaydı |
| ・録取（する） | ・kayıt (etmek) |
| ・論告 | ・kapanış beyanatı; savcı tarafından yapılan olaylar ve kanun tatbiki ile ilgili son fikir beyanı |
| ・論告要旨 | ・son beyanatın özeti |

【わ　行】

| | |
|---|---|
| ・わいせつ | ・müstehcenlik, yakışıksızlık, ahlâka aykırılık |
| ・わいろ | ・üşvet |
| ・和解 | ・barışma, uzlaşma |

# 第2章　法令名

## 【あ　行】

| | |
|---|---|
| ・あへん法 | ・Afyon Kanunu |
| ・医師法 | ・Tıbbî Pratisyen Kanunu |
| ・意匠法 | ・Tasarımların Korunması Hakkındaki Kanun |
| ・印紙等模造取締法 | ・Damga Pulu vs. Sahtecilik Kontrol Kanunu |
| ・印紙犯罪処罰法 | ・Damga Pulu ile İlgili Suçların Ceza Kanunu |
| ・インターネット異性紹介事業を利用して児童を誘引する行為の規制等に関する法律 | ・internetten Eş Bulma Hizmetleri Kullanılarak Gayrireşitleri Teşvikedici Davranışların Tanzimi ile İlgili Kanun |
| ・恩赦法 | ・Af Kanunu |

## 【か　行】

| | |
|---|---|
| ・外国ニ於テ流通スル貨幣紙幣銀行券証券偽造変造及模造ニ関スル法律（外貨偽造法） | ・Yabancı Ülkelerde Tedavülde Bulunan Bankonot ve Değerli Kağıtların Tahrif, Tahrip ve Taklidi ile İlgili Kanun (Yabancı Para Sahtecilik Kanunu) |
| ・外国為替及び外国貿易法（外為法） | ・Kambiyo ve Dış Ticaret Kontrol Kanunu |
| ・外国裁判所ノ嘱託ニ因ル共助法 | ・Yabancı Ülke Mahkemelerinin Talebine Cevaben Hukuki Yardım Kanunu |
| ・外国人漁業の規制に関する法律 | ・Yabancı Uyruklular Tarafından Yapılan Balıkçılığın Tanzimi ile İlgili Yasa |
| ・外国人登録法 | ・Yabancı Uyrukluları Kayıt Kanunu |
| ・海洋汚染等及び海上災害の防止に関する法律 | ・Deniz Kirliliği ve Deniz Felâketini Önleme ile İlgili Yasa |
| ・海上交通安全法 | ・Deniz Trafiği Emniyet Kanunu |
| ・海上衝突予防法 | ・Deniz Kazalarını Önleme Kanunu |
| ・火炎びんの使用等の処罰に関する法律 | ・Molotof Kokteyli Kullanımı vs.'nin Cezalandırılması ile ilgili Yasa |

| | |
|---|---|
| ・覚せい剤取締法 | ・Uyarıcı İlâç Kontrol Kanunu |
| ・貸金業法 | ・İkrazat Kanunu |
| ・火薬類取締法（火取法） | ・Barut Maddeleri Kontrol Kanunu |
| ・関税定率法 | ・Gümrük Tarifesi Kanunu |
| ・関税法 | ・Gümrük Kanunu |
| ・漁業法 | ・Balıkçılık Hukuku |
| ・漁船法 | ・Balıkçı Gemileri Kanunu |
| ・銀行法 | ・Bankacılık Kanunu |
| ・金融商品取引法 | ・Finansal Enstrümanlar ve Kambiyo Kanunu |
| ・警察官職務執行法（警職法） | ・Polis Vazifesi ve Selahiyetleri Kanunu |
| ・警察法 | ・Polis Kanunu |
| ・刑事確定訴訟記録法 | ・Karara Bağlanmış Ceza Davasını Kayıt Kanunu |
| ・刑事収容施設及び被収容者等の処遇に関する法律 | ・Ceza ve Tutuk Evilerinde Tutuklu ve Gözaltında Bulunan Kişilere Karşı Muameleleri Düzenleyen Kanun |
| ・刑事訴訟規則（刑訴規則） | ・Ceza Muhakemeleri Nizamnamesi |
| ・刑事訴訟費用等に関する法律 | ・Ceza Muhakemeleri Masrafları vs. ile İlgili Kanun |
| ・刑事訴訟法（刑訴法） | ・Ceza Muhakemeleri Usulü Kanunu |
| ・刑事補償法 | ・Cezaî Tazmin Kanunu; sonradan suçsuz bulunan birinin alıkonulduğu süreye istinaden tazminat talep hakkı yasası |
| ・競馬法 | ・At Yarışları Kanunu |
| ・軽犯罪法 | ・Hafif Suçlar Kanunu |
| ・刑法 | ・Ceza Kanunu |
| ・検察審査会法 | ・Savcılık Tahkikat Komitesi Kanunu |
| ・検察庁法 | ・Savcılık Kanunu |
| ・航空機の強取等の処罰に関する法律 | ・Uçağın Yasadışı Zaptı vs.'nin Cezalandırılması ile İlgili Yasa |

| | |
|---|---|
| ・航空の危険を生じさせる行為等の処罰に関する法律 | ・Uçak Seferini Tehlikeye Sokan Hareketler vs.'nin Cezalandırılması ile ilgili Hukuk |
| ・更生保護事業法 | ・Suçluları Topluma Kazandırma Faaliyetleri Kanunu |
| ・更生保護法 | ・Suçluların Islah Kanunu |
| ・国際受刑者移送法 | ・Uluslararası Mahkum Transfer Kanunu |
| ・国際人権規約 | ・Uluslararası insan Hakları Sözleşmesi; A Sözleşmesi - Ekonomik, Sosyal ve Kültürel Haklar, B Sözleşmesi - Sivil ve Siyasal Haklar |
| ・国際捜査共助等に関する法律 | ・Soruşturmada Uluslararası Yardım vs. Tanzimi ile ilgili Kanun |
| ・国際的な協力の下に規制薬物に係る不正行為を助長する行為等の防止を図るための麻薬及び向精神薬取締法等の特例等に関する法律（麻薬特例法） | ・Uluslararası Yardımlaşma Altında Kontrollü İlaçlar ile İlgili Yasadışı Fiili Teşvik Eden Eylemler vs.'yi Önlemeye Yönelik Olan, Uyuşturucu Madde ve Ruhsal Duruma Etki Eden ilaçlan Kontrol Kanunu vs.'nin Özel İstisnai Şartı vb. ile İlgili Yasa |
| ・国籍法 | ・Vatandaşlık Kanunu |
| ・戸籍法 | ・Nüfus Kütüğü Kanunu |

## 【さ　行】

| | |
|---|---|
| ・裁判員の参加する刑事裁判に関する法律 | ・*Saiban-in* Katılımı Sözkonusu Olan Ceza Davaları ile İlgili Kanun |
| ・裁判員の参加する刑事裁判に関する規則 | ・*Saiban-in* Katılımı Sözkonusu Olan Ceza Davaları ile İlgili Nizamname |
| ・裁判所法 | ・Mahkeme Kanunu |
| ・酒に酔って公衆に迷惑をかける行為の防止等に関する法律 | ・Alkollü Kişilerce Kamuyu Rahatsız Edecek Fiillerin Önlenmesi vs. ile İlgili Yasa |
| ・自転車競技法 | ・Bisiklet Yarışları Kanunu |
| ・自動車損害賠償保障法 | ・Otomobil Zarar-Ziyan Tazminini Teminat Kanunu |

| | |
|---|---|
| ・自動車の保管場所の確保等に関する法律 | ・Otomobil Muhafaza Yeri Tedariği vb. ile İlgili Yasa |
| ・児童福祉法 | ・Çocuk Refahı Kanunu |
| ・児童買春，児童ポルノに係る行為等の処罰及び児童の保護等に関する法律 | ・Çocuk Fahişeliği ve Çocuk Pornografisi ile İlgili Fiillerin Cezalandırılması ve Çocukların Korunması ile İlgili Kanun |
| ・銃砲刀剣類所持等取締法（銃刀法） | ・Ateşli Silâhlar ve Bıçaklar Sahiplik Kontrol Kanunu (Silah ve Kesici Aletler Kontrol Kanunu) |
| ・出資の受入れ，預り金及び金利等の取締りに関する法律 | ・Sermaye Kabulü, Depozito ve Faiz vs.'nin Kontrolü ile İlgili Kanun |
| ・出入国管理及び難民認定法 | ・Göçmen Kontrol ve Mülteci Tanıma Kanunu |
| ・少年法 | ・Çocuklar ile ilgili Kanun |
| ・商標法 | ・Marka Kanunu |
| ・商法 | ・Ticaret Hukuku |
| ・職業安定法 | ・İş ve İşçi Bulma Kanunu |
| ・所得税法 | ・Gelir Vergisi Kanunu |
| ・心神喪失等の状態で重大な他害行為を行った者の医療及び観察等に関する法律（心神喪失者等医療観察法） | ・Delilik vb. Durumda Başkaların Ağır Zarar Görmesine Neden Olacak Fiillerde Bulunan Kişinin Tedavisi ve Gözetim Altına Alma ile İlgili Kanun (Delilik Tedavi ve Gözetim Kanunu) |
| ・人身保護法 | ・Haksız yakalama veya tevkifi yasaklayan kanun |
| ・森林法 | ・Ormancılık Kanunu |
| ・ストーカー行為等の規制等に関する法律 | ・Israrlı Takip ve Taciz Edici Fiillerin Sınırlandırılması ile İlgili Kanun |
| ・精神保健及び精神障害者福祉に関する法律（精神保健法） | ・Akıl ve Ruh Sağlığı ve Zihinsel Özürlülerin Refahı ile İlgili Yasa (Akıl ve Ruh Sağlığı Kanunu) |
| ・船員法 | ・Gemi Mürettebatı Kanunu |
| ・船舶安全法 | ・Gemi Güvenlik Kanunu |

・船舶職員及び小型船舶操縦者法 ・Gemi Mürettebat Üyeleri ve Tekne Kaptanlığı Kanunu

・船舶法 ・Gemi Kanunu

・組織的な犯罪の処罰及び犯罪収益の規制等に関する法律 ・Organize Suçların Cezalandırılması ve Suç Gelirlerinin Kontrolü ile İlgili Kanun

【た 行】

・大麻取締法 ・Esrar Kontrol Kanunu

・著作権法 ・Telif Hakkı Kanunu

・通貨及証券模造取締法 ・Para ve Hisse Senedi Sahtecilik Kontrol Kanunu

・鉄道営業法 ・Demiryolu İşletme Kanunu

・電気通信事業法 ・Telekomünikasyon İşletme Kanunu

・電波法 ・Telsiz Telgraf Kanunu

・盗犯等ノ防止及処分ニ関スル法律 ・Hırsızlık veya Soygunculuk vs.'yi Önleme ve Cezalandırmayla İlgili Hukuk

・逃亡犯罪人引渡法 ・Kaçak Suçluların İadesi Kanunu

・道路運送車両法 ・Karayolu Taşımacılığı ve Motorlu Taşıtlar Kanunu

・道路交通法（道交法） ・Karayolları Trafik Kanunu

・特殊開錠用具の所持の禁止等に関する法律 ・Özel Kilit Açma Aletlerinin Bulundurmasını Yasaklanması ile İlgili Kanun

・特定商取引に関する法律 ・Belirlenmiş Ticaret ile İlgili Kanun

・毒物及び劇物取締法（毒劇法） ・Zehirli ve Tehlikeli Maddeler Kontrol Kanunu

・都道府県条例 ・Bölge veya eyaletler ile ilgili yönetmelik

【な 行】

・成田国際空港の安全確保に関する緊急措置法 ・Narita Uluslararası Havalimanı Güvenliğini Sağlama ile İlgili Acil Tedbirler Kanunu

| | |
|---|---|
| ・日本国憲法（憲法） | ・Japon Anayasası |
| ・日本国とアメリカ合衆国との間の相互協力及び安全保障条約第６条に基づく施設及び区域並びに日本国における合衆国軍隊の地位に関する協定の実施に伴う刑事特別法（刑特法） | ・Japonya ile ABD Arasındaki Karşılıklı İşbirliği ve Güvenlik Antlaşması'nın 6'ncı Maddesini Esas Alan Tesis, Bölge ve Japonya'daki ABD Ordusunun Konumu ile İlgili Mutabakatın Uygulanmasına Yönelik Özel Cezaî Kanun (Özel Cezaî Kanun) |

## 【は　行】

| | |
|---|---|
| ・廃棄物その他の物の投棄による海洋汚染の防止に関する条約 | ・Çöp veya Başka Maddelerin Atılmasının Yol Açtığı Deniz Kirliliğini Önleme ile İlgili Antlaşma |
| ・廃棄物の処理及び清掃に関する法律（廃棄物処理法） | ・Çöp İdare ve Temizleme ile İlgili Yasa (Çöp İdare Kanunu) |
| ・配偶者からの暴力の防止及び被害者の保護に関する法律 | ・Evlilikte Eş Şiddetini Önleme ve Mağdurun Korunması ile İlgili Kanun |
| ・売春防止法 | ・Fuhşiyatı Önleme Kanunu |
| ・破壊活動防止法（破防法） | ・Yıkıcı Faaliyetleri Önleme Kanunu |
| ・爆発物取締罰則 | ・Patlayıcı Maddeleri Kontrol ve Ceza Kanunu |
| ・罰金等臨時措置法 | ・Para Cezası vs. Geçici Tedbir Kanunu |
| ・犯罪収益に係る保全手続等に関する規則 | ・Suç Gelirleri Hakkındaki Haciz İşlemleri vs. İle İlgili Nizamname |
| ・犯罪捜査のための通信傍受に関する法律 | ・Suç Tahkikatı İçin Haberleşmenin Dinlenmesi ile İlgili Kanun |
| ・犯罪被害財産等による被害回復給付金の支給に関する法律 | ・Suç Zararlarını Tanzim Harcamalarının Suç Gelirlerinden Ödenmesi ile İlgili Kanun |
| ・犯罪被害者等の権利利益の保護を図るための刑事手続に付随する措置に関する法律（犯罪被害者等保護法） | ・Suç Mağdurlarının Hak ve Menfaatlarını Korumak İçin Ceza İşlemlerinin Birleştirilmesi ile İlgili Kanun (Suç Mağdurlarını Koruma Kanunu) |
| ・被疑者補償規程 | ・Sanıkların Tazminat Yönetmeliği |

| | |
|---|---|
| ・人の健康に係る公害犯罪の処罰に関する法律（公害罪法） | ・İnsan Sağlığını Etkileyen Çevresel Suçların Cezalandırılması ile İlgili Kanun (Çevre Kirliliği Kanunu) |
| ・風俗営業等の規制及び業務の適正化等に関する法律（風営法） | ・Gayriahlâki İşlerin Nizamı ve Kanuna Uygun Hale Getirilmesi vs. ile İlgili Yasa |
| ・武器等製造法 | ・Silâhlar vs. İmalât Kanunu |
| ・不正競争防止法 | ・Haksız Rekabeti Önleme Kanunu |
| ・法廷等の秩序維持に関する法律 | ・Mahkeme vs.'de İntizamın Muhafazası ile ilgili Hukuk |
| ・暴力行為等処罰ニ関スル法律 | ・Şiddet Fiilleri vs.'yi Cezalandırma ile İlgili Yasa |

【ま　行】

| | |
|---|---|
| ・麻薬及び向精神薬取締法（麻取法） | ・Uyuşturucu Maddeler ve Ruhsal Duruma Etki Eden İlaçları Kontrol Kanunu (Uyuşturucu Kontrol Kanunu) |
| ・民事訴訟法 | ・Hukuk Muhakemeleri Usulü Kanunu |
| ・民法 | ・Medenî Kanun |
| ・モーターボート競走法 | ・Motorlu Bot Yarışlar Kanunu |

【や　行】

| | |
|---|---|
| ・薬物犯罪等に係る保全手続等に関する規則 | ・Uyuşturucu Madde Suçlarında toplama ve imha İşlemleri vs. İle İlgili Nizamname |
| ・有線電気通信法 | ・Kablolu İletişim Kanunu |
| ・郵便切手類模造等取締法 | ・Posta Pulu Kopyalama vs. Kontrol Kanunu |
| ・郵便法 | ・Posta Kanunu |

【ら　行】

| | |
|---|---|
| ・領海及び接続水域に関する法律 | ・Karasuları ve Bitişik Su Alanları ile İlgili Kanun |
| ・領事関係に関するウィーン条約 | ・Konsolosluk İlişkileri ile İlgili Viyana Antlaşması |

| | |
|---|---|
| ・旅券法 | ・Pasaport Kanunu |
| ・労働基準法 | ・Çalışma Standartları Kanunu |

## 第3章　罪名

### 【あ　行】

| | |
|---|---|
| ・あへん煙吸食器具輸入（製造，販売，所持）罪 | ・afyon içme âletlerini ithal etme suçu (imalât, satış, bulundurma) |
| ・あへん煙吸食罪 | ・afyon içme suçu |
| ・あへん煙吸食場所提供罪 | ・afyon içmeye yer tedarik etme suçu |
| ・あへん煙等所持罪 | ・afyon vs. bulundurma suçu |
| ・あへん煙輸入（製造，販売，所持）罪 | ・afyon ithal etme suçu (imalât, satış, bulundurma) |
| ・あへん法違反（所持，譲渡，譲受，使用，輸入） | ・Afyon Karıunu'nun ihlâli (bulundurma, nakil, alma, kullanma, ithal ) |
| ・遺棄罪 | ・çocukları veya kendilerini idareye muktedir olmayanları kendi haline terk etme suçu |
| ・遺棄等致死罪 | ・ölüm ile sonuçlanan terk etme vs. suçu |
| ・遺棄等致傷罪 | ・yaralanma ile sonuçlanan terk etme vs. suçu |
| ・遺失物等横領罪 | ・kaybolmuş eşya vb.'yi mal edinme suçu |
| ・威力業務妨害罪 | ・zor kullanarak iş faaliyetini engelleme suçu |
| ・営利目的等被略取者収受罪 | ・kâr amacı vb. ile kaçırılan şahsı alıkoymayı kabul etme suçu |
| ・営利目的等略取（誘拐）罪 | ・kâr amacı ile kaçırma (adam kaçırma) suçu |
| ・延焼罪 | ・yangının yayılmasına yardım suçu |
| ・往来危険罪 | ・trafiği tehlikeye sokma suçu |
| ・往来危険による艦船転覆（沈没，破壊）罪 | ・deniz trafik akışını tehlikeye sokarak geminin alabora olmasına sebebiyet (batırma, tahrip etme) suçu |
| ・往来危険による汽車転覆（破壊）罪 | ・demiryolu trafik akışını tehlikeye sokarak trenin devrilmesine sebebiyet (tahrip etme) suçu |
| ・往来妨害罪 | ・trafiğe engel olma suçu |
| ・往来妨害致死罪 | ・trafiğe engel olarak ölüme sebep olma suçu |

| | |
|---|---|
| ・往来妨害致傷罪 | ・trafiğe engel olarak yaralanmaya sebep olma suçu |
| ・横領罪 | ・zimmete geçirme suçu |

【か　行】

| | |
|---|---|
| ・外国国章損壊（除去，汚損）罪 | ・yabancı ülke ulusal sembollerini tahrip etme (ortadan kaldırma, silme) suçu |
| ・外国人登録法違反（登録不申請） | ・Yabancı Uyrukluları Kayıt Kanunu'nun ihlâli (kayda başvurmama) |
| ・外国通貨偽造罪 | ・yabancı ülke paraları kalpazanlığı suçu |
| ・覚せい剤取締法違反（所持，譲渡，譲受，使用，輸入） | ・Uyarıcı İlâç Kontrol Kanunu'nun ihlâli (bulundurma, nakil, alma, kullanma, ithal) |
| ・過失往来危険罪 | ・ihmal sonucu trafiği tehlikeye sokma suçu |
| ・過失激発物破裂罪 | ・ihmal sonucu patlayıcı maddelerin infilâk etmesine sebebiyet suçu |
| ・過失建造物等浸害罪 | ・ihmal sonucu bina/yapı vs.'ye su basmasına sebebiyet suçu |
| ・過失傷害罪 | ・ihmal ile bedenî zarara sebebiyet suçu |
| ・過失致死罪 | ・ihmal ile ölüme sebebiyet suçu |
| ・加重逃走罪 | ・cezayı ağırlaştıran firar suçu |
| ・加重封印等破棄罪 | ・ağır resmi mühür vs.'yi haksız imha etme suçu |
| ・ガス漏出罪 | ・gaz sızıntısına sebebiyet suçu |
| ・ガス漏出等致死罪 | ・gaz sızıntısı vs. sonucu ölüme sebebiyet suçu |
| ・ガス漏出等致傷罪 | ・gaz sızıntısı vs. sonucu yaralanmaya sebebiyet suçu |
| ・監禁罪 | ・yasadışı hapis suçu |
| ・監禁致死罪 | ・ölüm ile sonuçlanan yasadışı hapis suçu |
| ・監禁致傷罪 | ・yaralanma ile sonuçlanan yasadışı hapis suçu |
| ・艦船往来危険罪 | ・deniz trafik akışını tehlikeye sokma suçu |
| ・偽計業務妨害罪 | ・hile yoluyla iş faaliyetini engelleme suçu |

| | |
|---|---|
| ・危険運転致死罪 | ・tehlikeli bir şekilde taşıt kullanma sonucu ölüme sebebiyet suçu |
| ・危険運転致傷罪 | ・tehlikeli bir şekilde taşıt kullanma sonucu yaralanmaya sebebiyet suçu |
| ・汽車転覆罪 | ・demiryolu taşıtlarının raydan çıkmasına sebebiyet suçu |
| ・汽車転覆等致死罪 | ・ölümle sonuçlanan demiryolu taşıtlarının raydan çıkmasına sebebiyet suçu |
| ・偽証罪 | ・yalan tanıklık suçu |
| ・偽造外国通貨行使罪 | ・sahte yabancı parayı tedavüle çıkarma suçu |
| ・偽造公文書行使罪 | ・sahte resmî belge tedavüle çıkarma suçu |
| ・偽造私文書行使罪 | ・sahte özel belge tedavüle çıkarma suçu |
| ・偽造通貨行使罪 | ・sahte para tedavüle çıkarma suçu |
| ・偽造通貨等収得罪 | ・tedavül amaçlı sahte para vs. ele geçirme suçu |
| ・偽造有価証券行使罪 | ・sahte kıymetli kâğıt tedavüle çıkarma suçıı |
| ・器物損壊罪 | ・mala zarar verme veya tahrip suçu |
| ・境界損壊罪 | ・sınırları tahrip veya değiştirme suçu |
| ・恐喝罪 | ・şantaj suçu |
| ・凶器準備集合（結集）罪 | ・tehlikeli silahlar hazırlayıp toplanma suçu |
| ・強制執行関係売却妨害罪 | ・mecburi infaz ile ilgili satışa engel suçu |
| ・強制執行行為妨害罪 | ・mecburi infaz uygulamaya engel suçu |
| ・強制執行妨害罪 | ・mecburi infaza engel suçu |
| ・強制執行妨害目的財産現状改変罪 | ・mecburi infaza engel amaçlı mal varlığı durumunu değiştirme suçu |
| ・強制執行妨害目的財産損壊（隠匿）罪 | ・mecburi infaza engel amaçlı mal varlıklarına zarar verme (gizleme) suçu |
| ・強制執行妨害目的財産無償譲渡罪 | ・mecburi infaza engel amaçlı mal varlıklarını bedelsiz verme suçu |
| ・強制執行申立妨害目的暴行（脅迫）罪 | ・mecburi infaz talebine engel amaçlı zor kullanma (tehdit) suçu |
| ・強制わいせつ罪 | ・zoraki yapılan müstehcen fiiller suçu |

・強制わいせつ致死罪 ・ölüm ile sonuçlanan zoraki yapılan müstehcen fiiller suçu

・強制わいせつ致傷罪 ・yaralanma ile sonuçlanan zoraki yapılan müstehcen fiiller suçu

・脅迫罪 ・tehdit suçu

・業務上横領罪 ・iş faaliyetleri sırasında zimmete geçirme suçu

・業務上過失往来危険罪 ・görevi ihmal nedeniyle iş faaliyetlerinin akışını tehlikeye sokma suçu

・業務上過失激発物破裂罪 ・görevi ihmal nedeniyle patlayıcı maddelerin infilâk etmesine sebebiyet suçu

・業務上過失致死罪 ・ölümile sonuçlanan görevi ihmal suçu

・業務上過失致傷罪 ・yaralanma ile sonuçlanan görevi ihmal suçu

・業務上失火罪 ・ihmalkârlıktan yangına sebebiyet suçu

・強要罪 ・zorlama suçu

・虚偽鑑定罪 ・sahte uzmanlık raporu sunma suçu

・虚偽告訴罪 ・yalan yere cezaî şikâyette bulunma suçu

・虚偽診断書作成罪 ・sahte doktor raporu düzenleme suçu

・激発物破裂罪 ・patlayıcı maddeleri patlatma suçu

・現住建造物等放火罪 ・ikâmet edilen bina/yapı vs.'ye kundakçılık suçu

・建造物侵入罪 ・bina/yapıya , haneye tecavüz suçu

・建造物損壊罪 ・bina/yapıya hasar verme veya tahrip suçu

・建造物損壊致死罪 ・ölüm ile sonuçlanan bina/yapıya hasar verme veya tahrip suçu

・建造物損壊致傷罪 ・yaralanma ile sonuçlanan bina/yapıya hasar verme veya tahrip suçu

・建造物等以外放火罪 ・bina, yapı vs. harici yerleri kundakçılık suçu

・公印偽造罪 ・resmî mührün sahtesini yapma suçu

・公印不正使用罪 ・resmî mührü haksız kullanma suçu

・強姦罪 ・zorla ırza geçme suçu

| | |
|---|---|
| ・強姦致死罪 | ・ölüm ile sonuçlanan zorla ırza geçme suçu |
| ・強姦致傷罪 | ・yaralanma ile sonuçlanan zorla ırza geçme suçu |
| ・公記号偽造罪 | ・resmi alâmetin sahtesini yapma suçu |
| ・公記号不正使用罪 | ・resmî sembolleri haksız kullanma suçu |
| ・公契約関係競売等妨害罪 | ・İhale Sözleşmeleri ile İlgili Açık Arttırma vb.'ne Engel Suçu |
| ・公正証書原本等不実記載罪 | ・resmî onaylı belge vs.'de sahte kayıt suçu |
| ・公然わいせつ罪 | ・alenî yapılan müstehcen suç |
| ・強盗強姦罪 | ・soygun esnasında zorla ırza geçme suçu |
| ・強盗強姦致死罪 | ・ölümle sonuçlanan soygun esnasında zorla ırza geçme suçu |
| ・強盗罪 | ・soygun suçu |
| ・強盗致死罪 | ・ölüm ile sonuçlanan soygun suçu |
| ・強盗致傷罪 | ・yaralanma ile sonuçlanan soygun suçu |
| ・強盗予備罪 | ・soyguna hazırlık suçu |
| ・公務員職権濫用罪 | ・devlet memurunun görevi suistimal suçu |
| ・公務執行妨害罪 | ・resmî görevlerin yerine getirilmesine engel olma suçu |
| ・公用文書毀棄罪 | ・kamu yararı için olan belgeleri tahrip etme suçu |
| ・昏酔強盗罪 | ・karşı tarafı bilinç kaybına uğratarak (alkol vs. ile) yapılan hırsızlık suçu |

## 【さ 行】

| | |
|---|---|
| ・裁判員の参加する刑事裁判に関する法律違反 | ・*Saiban-in* Katılımı ile Yapılan Cezaî Yargılama ile İlgili Kanun İhlali |
| （裁判員等に対する請託（情報提供）罪） | (*Saiban-in* vb. kişilere karşı talep (bilgilendirme) suçu) |
| （裁判員等に対する威迫罪） | (*Saiban-in* vb. kişilere karşı tehdit suçu) |
| （裁判員等による秘密漏示罪） | (*Saiban-in* vb. kişilerce gizli bilgileri açıklama suçu) |
| （裁判員の氏名等漏示罪） | (*Saiban-in* kimlik bilgilerini açıklama suçu) |

| | |
|---|---|
| (裁判員候補者による虚偽記載(陳述)罪) | (*Saiban-in* adayınca gerçek dışı yazılı (sözlü) beyanat suçu) |
| ・詐欺罪 | ・dolandırıcılık suçu |
| ・殺人罪 | ・adam öldürme suçu |
| ・殺人予備罪 | ・adam öldürmeye hazırlık suçu |
| ・私印偽造罪 | ・özel mührün sahtesini yapma suçu |
| ・私印不正使用罪 | ・özel mührü haksız kullanma suçu |
| ・事後強盗罪 | ・soygun sonrası gelişen suç |
| ・自殺関与罪 | ・intihara teşvik ve yardım suçu |
| ・死体遺棄罪 | ・cesedi terk etme suçu |
| ・死体損壊罪 | ・bir cesedin haksız, ve yetkisiz olarak veya ihmal ile tahrip olunması veya parçalanması suçu |
| ・失火罪 | ・ihmal ile yangına sebebiyet cürümleri |
| ・自動車運転過失致死罪 | ・araç kullanımında ihmal nedeni ile ölüme sebebiyet suçu |
| ・自動車運転過失致傷罪 | ・araç kullanımında ihmal nedeni ile yaralanmaya sebebiyet suçu |
| ・支払用カード電磁的記録不正作出罪 | ・ödeme amaçlı kartların elektromanyetik kayıtlarını gayrimeşru üretim suçu |
| ・重過失致死罪 | ・ölüm ile sonuçlanan ciddi ihmal suçu |
| ・重過失致傷罪 | ・yaralanma ile sonuçlanan ciddi ihmal suçu |
| ・住居侵入罪 | ・meskene tecavüz suçu |
| ・集団強姦罪 | ・toplu tecavüz suçu |
| ・収得後知情行使(交付)罪 | ・ele geçirilen paranın sahte veya değiştirilmiş olduğunu bilerek tedavüle çıkarma veya transferini yapma suçu |
| ・銃砲刀剣類所持等取締法違反 | ・Ateşli Silâhlar ve Bıçaklar Kontrol Kanunu'nu ihlâl |
| (けん銃実包譲渡) | (tabanca mermisi transfer etme) |
| (けん銃実包所持) | (tabanca mermisi bulundurma) |
| (けん銃実包として輸入) | (tabanca mermisi olarak ithal etme) |
| (けん銃実包輸入) | (tabanca mermisi ithal etme) |

| | |
|---|---|
| （けん銃等加重所持） | (çok sayıda tabanca vs. bulundurma) |
| （けん銃等譲渡） | (tabanca vs. transferi) |
| （けん銃等所持） | (tabanca vs. bulundurma) |
| （けん銃等として輸入） | (tabanca vs. olarak ithal etme) |
| （けん銃等発射） | (tabanca vs. ateşleme) |
| （けん銃等輸入） | (tabanca vs. ithal etme) |
| （けん銃部品として輸入） | (tabanca parçası olarak ithal etme) |
| ・出入国管理及び難民認定法違反 | ・Göçmen Kontrol (giriş-çıkış kontrol) ve Mülteci Tanıma Kanunu'nun ihlâli |
| （営利目的等不法入国等援助） | (kâr amacı vs. ile yasadışı ülkeye giriş vs.'ye yardım etme) |
| （寄港地上陸許可等の期間の経過） | (uğranılan limanlarda karaya çıkma izni vs. süresinin geçmesi) |
| （収受等の予備） | (ülkeye kaçak giriş yapan yabancıları kabule hazırlık) |
| （集団密航者の収受等） | (kaçak yolcu grubunu kabul etme vs.) |
| （集団密航者を本邦に入らせ，又は上陸させる罪） | (kaçak yolcu grubunu Japonya'ya sokma veya karaya çıkarma suçu) |
| （集団密航者を本邦に向けて輸送し，又は本邦内において上陸の場所に向けて輸送する罪） | (kaçak yolcu grubunu Japonya'ya nakletme veya Japonya'da karaya çıkabilecek yere nakletme suçu) |
| （船舶等の準備及び提供） | (gemi vs.'nin hazırlık ve teklif suçu) |
| （不法在留） | (yasadışı ikâmet) |
| （不法残留） | (yasadışı kalma) |
| （不法就労助長） | (yasadışı çalışmaya yol açma) |
| （不法上陸） | (yasadışı karaya çıkma) |
| （不法入国） | (yasadışı ülkeye giriş) |
| （不法入国者等蔵匿隠避） | (yasadışı ülkeye giriş yapanları saklama veya yakalanmasına engel olma) |
| （旅券不携帯） | (pasaportun taşınmaması) |
| ・準強制わいせつ罪 | ・yarı zorla yapılan müstehcen fiiller suçu |
| ・準強姦罪 | ・yarı zorla ırza geçme suçu |
| ・準詐欺罪 | ・yarı dolandırıcılık suçu |

- 傷害罪 ・bedenî zarar verme suçu
- 傷害致死罪 ・ölümle sonuçlanan bedenî zarar verme suçu
- 消火妨害罪 ・yangın söndürme çalışmalarına engel olma suçu
- 証拠隠滅罪 ・kanıtları gizleme veya yok etme suçu
- 常習賭博罪 ・kumar bağımlılığı suçu
- 常習累犯窃盗罪 ・bağımlılıktan tekerrür eden hırsızlık suçu
- 承諾殺人罪 ・kurban rızasıyla cinayet suçu
- 証人等威迫罪 ・şahit vs.'yi tehdit suçu
- 私用文書毀棄罪 ・özel yarara mahsus belgeleri tahrip etme suçu
- 嘱託殺人罪 ・birinin isteğiyle adam öldürme suçu
- 職務強要罪 ・devlet memuruna baskı yapma suçu
- 所在国外移送目的略取罪 ・Dışülkelere Nakil Amacı ile Adam Kaçırma Suçu
- 信書隠匿罪 ・kişiye özel mektubu saklama suçu
- 信書開封罪 ・yetkisiz kişiye özel mektubu açma suçu
- 人身売買罪 ・insan ticareti suçu
- 信用毀損罪 ・birinin güvenilirliğini düşürme, birinin itimadına zarar verme suçu
- 窃盗罪 ・hırsızlık suçu
- 騒乱罪 ・kanuna aykın gürültü yapma suçu
- 贈賄罪 ・rüşvet teklif etme suçu

## 【た　行】

- 逮捕罪 ・gayrımeşru tutuklama suçu
- 逮捕致死罪 ・ölüm ile sonuçlanan gayrımeşru tutuklama
- 逮捕致傷罪 ・yaralanma ile sonuçlanan gayrımeşru tutuklama
- 大麻取締法違反（所持，譲渡，譲受，使用，輸入） ・Esrar Kontrol Kanunu'nu ihlâl (sahiplik, nakil, alma, kullanma, ithal)
- 多衆不解散罪 ・opluluğun dağılmama suçu

| | |
|---|---|
| ・談合罪 | ・teklife hile kandırma suçu |
| ・通貨偽造罪 | ・sahte para basma suçu |
| ・通貨偽造等準備罪 | ・sahte para basma vs.'ye hazırlık suçu |
| ・電子計算機使用詐欺罪 | ・bilgisayar marifetiyle dolandırıcılık suçu |
| ・電子計算機損壊等業務妨害罪 | ・bilgi işlem sistemlerindeki verileri tahrip ederek iş faaliyetlerine engel olma suçu |
| ・電磁的記録不正作出罪 | ・elektromanyetik kayıtların gayrimeşru imal etme suçu |
| ・電磁的公正証書原本不実記録罪 | ・elektromanyetik resmi kayıtlara sahte kayıt girme suçu |
| ・逃走援助罪 | ・firara yardım suçu |
| ・逃走罪 | ・firar suçu |
| ・盗品運搬（保管，有償譲受け，有償処分あっせん）罪 | ・çalıntı eşya nakli (depolama, alım ve komisyonculuk) |
| ・盗品無償譲受け罪 | ・çalıntı eşyayı karşılıksız devralma suçu |
| ・動物傷害罪 | ・başkalarının hayvanlarını zarara uğratma suçu |
| ・特別公務員職権濫用罪 | ・özel devlet memurunun görevi suistimal suçu |
| ・特別公務員職権濫用等致死罪 | ・ölüm ile sonuçlanan özel devlet memurunun görevi suistimal vs. suçu |
| ・特別公務員職権濫用等致傷罪 | ・yaralanma ile sonuçlanan özel devlet memurunun görevi suistimal vs. suçu |
| ・特別公務員暴行陵虐罪 | ・özel devlet memuru tarafından yapılan saldırı veya kötü muamele suçu |
| ・賭博罪 | ・kumar suçu |
| ・賭博場開帳等図利罪 | ・kazanç kasdiyle kumarhane açma vs. suçu |
| ・富くじ発売罪 | ・yetkisiz piyango bileti satış suçu |

## 【は　行】

| | |
|---|---|
| ・売春防止法違反（勧誘，客待ち） | ・fuhşiyatı önleme kanununa ihlâl suçu (teşvik, müşteri bekleme) |
| ・背任罪 | ・güveni suistimal suçu |

| | |
|---|---|
| ・犯人隠避罪 | ・bir suçlunun yakalanmasını veya tutuklanmasını engelleme suçu |
| ・犯人蔵匿罪 | ・suçluyu gizleme suçu |
| ・非現住建造物等放火罪 | ・ikâmet edilmeyen bina/yapı vs.ve kundakçılık suçu |
| ・被拘禁者奪取罪 | ・hapis olunan kimseyi zaptetme suçu |
| ・秘密漏示罪 | ・gizli bilgileri ifşa etme suçu |
| ・被略取者引渡し（収受，輸送，蔵匿，隠避）罪 | ・kaçırılmış kişilerin teslim alma (kabulü, taşınması, barındırılması, saklayıp kaçırmak) suçu |
| ・封印等破棄罪 | ・resmi mühür vs.'yi haksız imha etme cürümleri |
| ・不実記録電磁的公正証書原本供用罪 | ・Orjinal Resmi Belgelerin Tahrif Edilmiş Elektromanyetik Kayıtlarını Sağlama Suçu |
| ・侮辱罪 | ・hakaret, aşağılama suçu |
| ・不正作出電磁的記録供用罪 | ・gayrimeşru imal edilen elektromanyetik kayıtları kullanılabilecek duruma getirme suçu |
| ・不正指令電磁的記録供用罪 | ・yasadışı komutların elektromanyetik kayıtlarının yayılması suçu(bilgisayar virüsleri ve bilgisayarlara zarar verici emir dizgeleri) |
| ・不正指令電磁的記録作成（提供）罪 | ・yasadışı komutların elektromanyetik kayıtlarının hazırlanması (sağlanması) suçu |
| ・不正指令電磁的記録取得（保管）罪 | ・yasadışı komutların elektromanyetik kayıtlarının elde edilmesi (muhafazası) suçu |
| ・不正電磁的記録カード所持罪 | ・yasadışı elektromanyetik (ödeme vb. amaçlı) kartları bulundurma suçu |
| ・不退去罪 | ・çıkarma istemine ret suçu |
| ・不動産侵奪罪 | ・hukuka aykın bir şekilde gayrimenkul zaptetme suçu |
| ・放火予備罪 | ・kundakçılığa hazırlık suçu |
| ・暴行罪 | ・saldırı, şiddet suçu |
| ・保護責任者遺棄罪 | ・kanuni vekil tarafından yapılan terk suçu |

- ・保護責任者遺棄致死罪 — ・ölüm ile sonuçlanan kanunî vekil tarafından yapılan terk suçu
- ・保護責任者遺棄致傷罪 — ・yaralanma ile sonuçlanan kanunî vekil tarafından yapılan terk suçu

## 【ま　行】

- ・未成年者略取（誘拐）罪 — ・gayrireşiti kaçırma (adam kaçırma) suçu
- ・身の代金目的被略取者収受罪 — ・fidye amacıyla kaçırılan şahsı teslim alma suçu
- ・身の代金目的略取罪 — ・fidye amacıyla adam kaçırma suçu
- ・身の代金目的略取等予備罪 — ・fidye amacıyla adam kaçırma vs, için hazırlık suçu
- ・身の代金要求罪 — ・fidye talep etme suçu
- ・無印公文書偽造罪 — ・mühürsüz resmî evrakta sahtecilik suçu
- ・無印私文書偽造罪 — ・mühürsüz özel evrakta sahtecilik suçu
- ・名誉毀損罪 — ・onur kırma, karalama suçu

## 【や　行】

- ・有印公文書偽造罪 — ・mühürlü resmi evrakta sahtecilik suçu
- ・有印私文書偽造罪 — ・mühürlü özel evrakta sahtecilik suçu
- ・有価証券偽造罪 — ・kıymetli kağıtta sahtecilik suçu

## 【わ　行】

- ・わいせつ物陳列（頒布，有償頒布目的所持）罪 — ・müstehcen malzemelerin teşhir suçu (dağıtma, bedel karşılığı dağıtma amacı ile bulundurma)
  - ・わいせつ電磁的記録記録媒体陳列（頒布，有償頒布目的所持）罪 — ・müstehcen elektromanyetik kayıtların kayıtlı olduğu medyaları teşhir suçu (dağıtma, bedel karşılığı dağıtma amacı ile bulundurma)
  - ・わいせつ電磁的記録等送信頒布罪 — ・müstehcen elektromanyetik kayıtların ileterek dağıtım suçu
  - ・わいせつ電磁的記録有償頒布目的保管罪 — ・müstehcen elektromanyetik kayıtları bedel karşılığı dağıtma amacı ile muhafaza suçu

# 資料

## 証拠等関係カードの略語表（19ページ参照）

| 1，2… | 第１回公判，第２回公判……〔「期日」欄のみ〕 | 捜押 | 捜索差押調書 |
|---|---|---|---|
| 前１，前２… | 第１回公判前整理手続，第２回公判前整理手続… | 任 | 任意提出書 |
| 間１，間２… | 第１回期日間整理手続，第２回期日間整理手続… | 領 | 領置調書 |
| ※１，※２… | 証拠等関係カード（続）「※」欄の番号１，２……の記載に続く | 仮還 | 仮還付請書 |
| 決定 | 証拠調べをする旨の決定 | 還 | 還付請書 |
| 済 | 取調べ済み | 害 | 被害届，被害てん末書，被害始末書，被害上申書 |
| 裁 | 裁判官に対する供述調書 | 追害 | 追加被害届，追加被害てん末書，追加被害始末書，追加被害上申書 |
| 検 | 検察官に対する供述調書 | 答 | 答申書 |
| 検取 | 検察官事務取扱検察事務官に対する供述調書 | 質 | 質取てん末書，質取始末書，質受始末書，質取上申書，質受上申書 |
| 事 | 検察事務官に対する供述調書 | 買 | 買受始末書，買受上申書 |
| 員 | 司法警察員に対する供述調書 | 始末 | 始末書 |
| 巡 | 司法巡査に対する供述調書 | 害確 | 被害品確認書，被害確認書 |
| 麻 | 麻薬取締官に対する供述調書 | 放棄 | 所有権放棄書 |
| 大 | 大蔵事務官に対する質問てん末書 | 返還 | 協議返還書 |
| 財 | 財務事務官に対する質問てん末書 | 上 | 上申書 |
| 郵 | 郵政監察官に対する供述調書 | 報 | 捜査報告書，捜査状況報告書，捜査復命書 |
| 海 | 海上保安官に対する供述調書 | 発見 | 遺留品発見報告書，置去品発見報告書 |
| 弁録 | 弁解録取書 | 現認 | 犯罪事実現認報告書 |
| 逆送 | 家庭裁判所の検察官に対する送致決定書 | 写報 | 写真撮影報告書，現場写真撮影報告書 |
| 告訴 | 告訴状 | 交原 | 交通事件原票 |
| 告調 | 告訴調書 | 交原（報） | 交通事件原票中の捜査報告書部分 |
| 告発 | 告発状，告発書 | 交原（供） | 交通事件原票中の供述書部分 |
| 自首 | 自首調書 | 検調 | 検証調書 |
| 通逮 | 通常逮捕手続書 | 実 | 実況見分調書 |
| 緊逮 | 緊急逮捕手続書 | 捜照 | 捜査関係事項照会回答書，捜査関係事項照会書，捜査関係事項回答書 |
| 現逮 | 現行犯人逮捕手続書 | 免照 | 運転免許等の有無に関する照会結果書，運転免許等の有無に関する照会回答書，運転免許調査結果報告書 |
| 捜 | 捜索調書 | 速カ | 速度違反認知カード |
| 押 | 差押調書 | 選権 | 選挙権の有無に関する照会回答書 |

| 診 | 診断書 | 嘆 | 嘆願書 |
|---|---|---|---|
| 治照 | 交通事故受傷者の病状照会について，交通事故負傷者の治療状況照会，診療状況照会回答書，治療状況照会回答書 | (謄) | 謄本 |
| 検視 | 検視調書 | (抄) | 抄本 |
| 死 | 死亡診断書，死体検案書 | (検) | 検察官 |
| 酒カ | 酒酔い酒気帯び鑑識カード | (検取) | 検察官事務取扱検察事務官 |
| 鑑嘱 | 鑑定嘱託書 | (事) | 検察事務官 |
| 鑑 | 鑑定書 | (員) | 司法警察員 |
| 電話 | 電話聴取書，電話報告書 | (巡) | 司法巡査 |
| 身 | 身上照会回答書，身上調査照会回答書，身上調査票，身上調査回答 | (大) | 大蔵事務官 |
| 戸 | 戸籍謄本，戸籍抄本，戸籍（全部・一部・個人）事項証明書 | (財) | 財務事務官 |
| 戸附 | 戸籍の附票の写し | (被) | 被告人 |
| 登記 | 不動産登記簿謄本，不動産登記簿抄本，登記（全部・一部）事項証明書 | | |
| 商登記 | 商業登記簿謄本，商業登記簿抄本，登記（全部・一部）事項証明書 | | |
| 指 | 指紋照会回答票，指紋照会書回答票，指紋照会書通知書，指紋照会回答，指紋照会書回答，指紋照会回答書 | | |
| 現指 | 現場指紋による被疑者確認回答書，現場指紋等確認報告書 | | |
| 氏照 | 氏名照会回答書，氏名照会票，氏名照会記録書 | | |
| 前科 | 前科調書，前科照会（回答）書，前科照会書回答 | | |
| 前歴 | 前歴照会（回答）書 | | |
| 犯歴 | 犯罪経歴回答書，犯罪経歴電話照会回答書 | | |
| 外調 | 外国人登録（出入国）記録調査書 | | |
| 判 | 判決書謄本，判決書抄本，調書判決謄本，調書判決抄本 | | |
| 決 | 決定書謄本，決定書抄本 | | |
| 略 | 略式命令謄本，略式命令抄本 | | |
| 示 | 示談書，和解書 | | |
| 受 | 受領書，受領証，領収書，領収証，受取書，受取証 | | |
| 現受 | 現金書留受領証，現金書留引受証 | | |
| 振受 | 振込金兼手数料受領書，振込金受領書 | | |
| 寄附 | 贖罪寄附を受けたことの証明 | | |

## 第一審手続概要

起訴

公判準備

- 起訴状謄本の送達
- 弁護人選任照会（通訳言語照会）
- ↓（通訳人予定者への打診）
- 起訴状概要の翻訳・送付
- 国選弁護人の選任

公判前整理手続（非公開）は，裁判員裁判対象事件では必ず行われるが，それ以外の通常の事件でも行われる場合がある。

公判前整理手続

- 証明予定事実記載書面の提出（検察官）
- 証拠調べの請求
- ↓
- 証明予定事実等の明示（弁護人，被告人）
- 証拠調べの請求に関する意見
- 証拠調べの請求
- ↓
- 争点及び証拠の整理（証拠決定等）
- 審理計画の策定

裁判員等選任手続

裁判員裁判対象事件のみ（非公開）

公判手続

冒頭手続

- （公判前整理手続において通訳人が選任されていない場合）
- 通訳人の人定尋問と宣誓
- ↓
- 被告人の人定質問
- ↓
- 検察官の起訴状朗読
- ↓
- 被告人に対する黙秘権等の告知
- ↓
- 被告人及び弁護人による被告事件に対する陳述

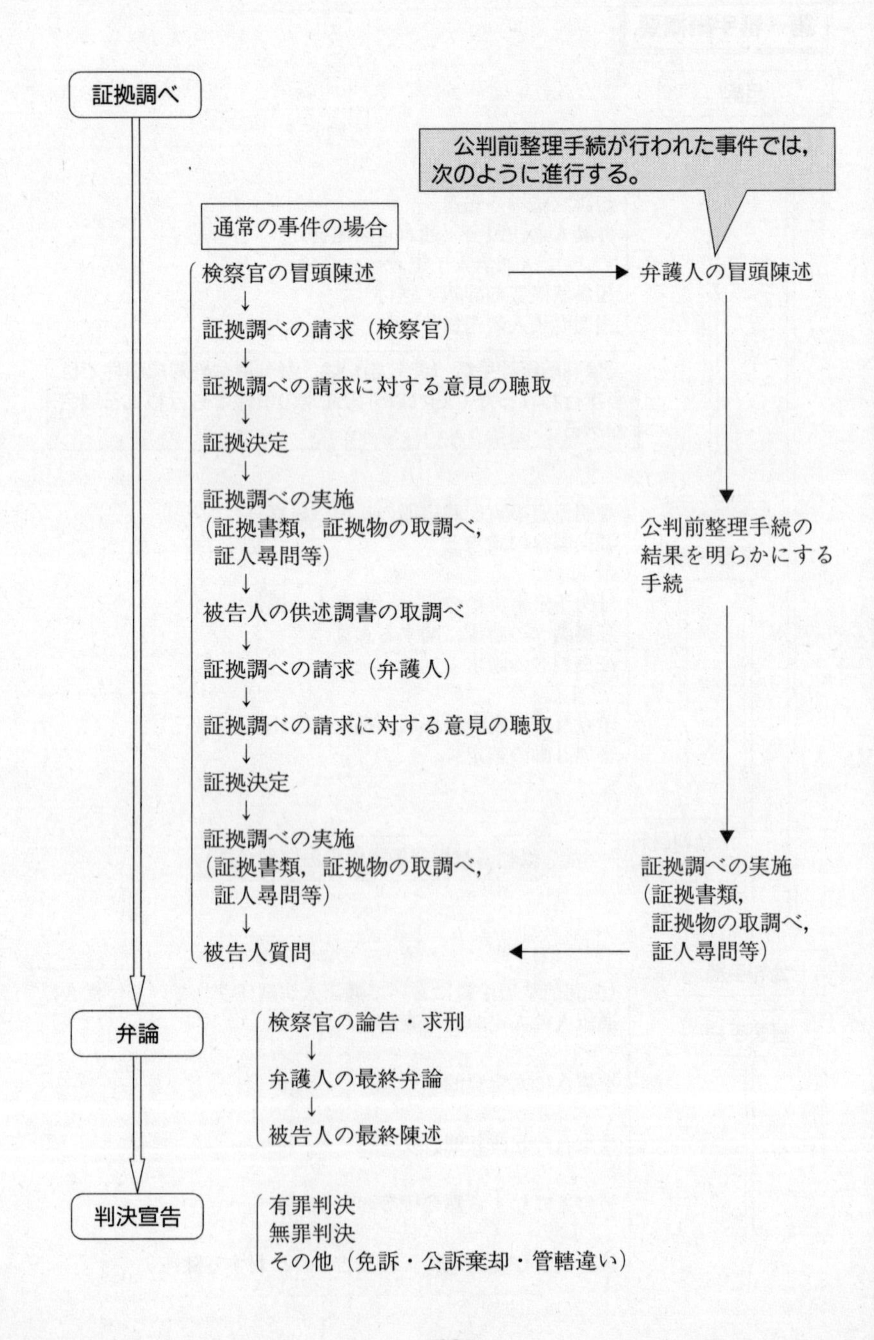
証拠調べ
公判前整理手続が行われた事件では，次のように進行する。
通常の事件の場合
検察官の冒頭陳述
弁護人の冒頭陳述
証拠調べの請求（検察官）
証拠調べの請求に対する意見の聴取
証拠決定
証拠調べの実施
（証拠書類，証拠物の取調べ，証人尋問等）
公判前整理手続の結果を明らかにする手続
被告人の供述調書の取調べ
証拠調べの請求（弁護人）
証拠調べの請求に対する意見の聴取
証拠決定
証拠調べの実施
（証拠書類，証拠物の取調べ，証人尋問等）
証拠調べの実施
（証拠書類，証拠物の取調べ，証人尋問等）
被告人質問
弁論
検察官の論告・求刑
弁護人の最終弁論
被告人の最終陳述
判決宣告
有罪判決
無罪判決
その他（免訴・公訴棄却・管轄違い）

## 控訴審手続概要

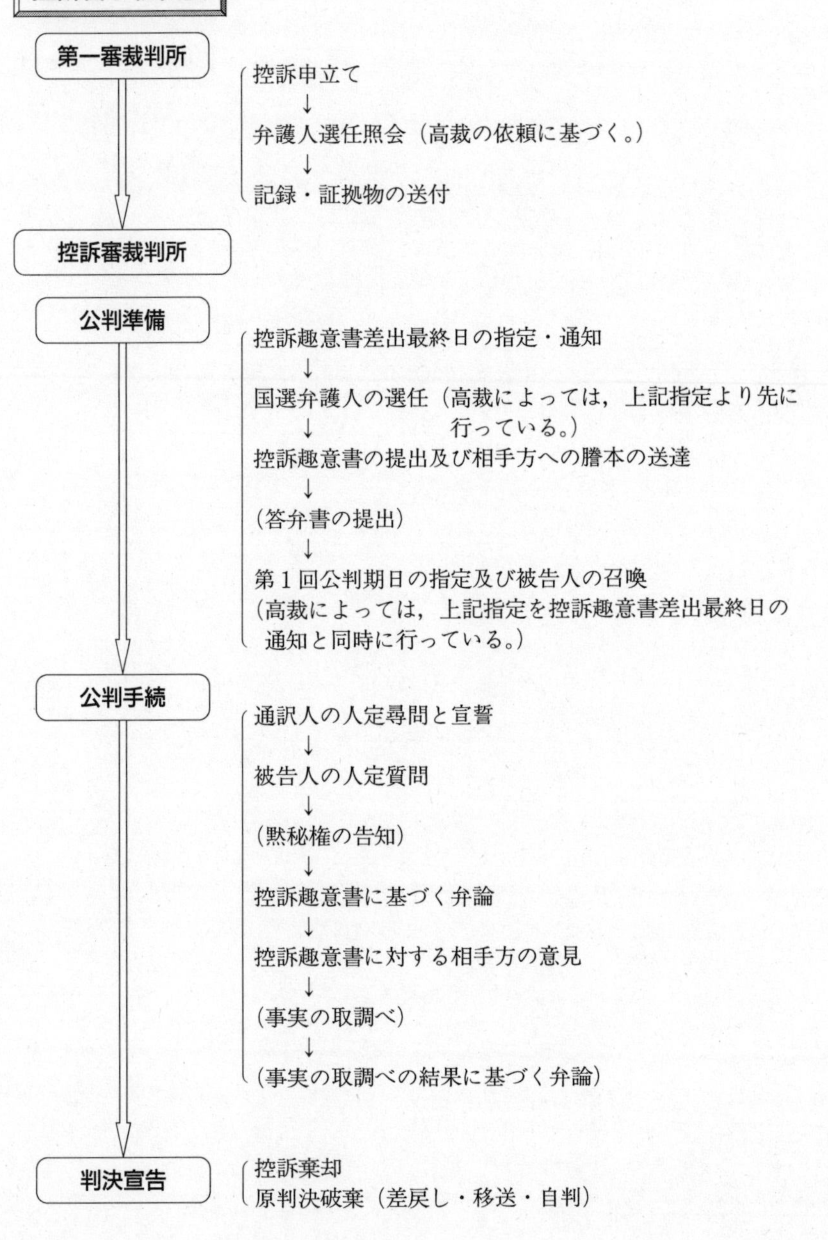

第一審裁判所
控訴申立て
↓
弁護人選任照会（高裁の依頼に基づく。）
↓
記録・証拠物の送付
控訴審裁判所
公判準備
控訴趣意書差出最終日の指定・通知
↓
国選弁護人の選任（高裁によっては，上記指定より先に
行っている。）
↓
控訴趣意書の提出及び相手方への謄本の送達
↓
（答弁書の提出）
↓
第１回公判期日の指定及び被告人の召喚
（高裁によっては，上記指定を控訴趣意書差出最終日の
通知と同時に行っている。）
公判手続
通訳人の人定尋問と宣誓
↓
被告人の人定質問
↓
（黙秘権の告知）
↓
控訴趣意書に基づく弁論
↓
控訴趣意書に対する相手方の意見
↓
（事実の取調べ）
↓
（事実の取調べの結果に基づく弁論）
判決宣告
控訴棄却
原判決破棄（差戻し・移送・自判）

**法廷通訳ハンドブック　実践編**
**【トルコ語】（改訂版）**　　**書籍番号　30-25**

平成16年4月20日　第1版第1刷発行
平成30年8月10日　改訂版第1刷発行

監　修　最高裁判所事務総局刑事局

発行人　平　田　豊

発行所　一般財団法人　法　曹　会

〒100-0013　東京都千代田区霞が関1-1-1
振替口座　00120-0-15670
電　話　03-3581-2146
http://www.hosokai.or.jp/

落丁・乱丁はお取替えいたします。　印刷製本／(株)プライムステーション

ISBN 978-4-86684-011-6

**本誌は再生紙を使用しています。**